はじめに

　職場でのいじめや嫌がらせ、または暴行を受けたことによる精神障害の労災認定件数は増加傾向にあり、都道府県労働局における職場の「いじめ・嫌がらせ」の相談件数も増加傾向となっています。

　職場で問題となるハラスメントには様々な種類がありますが、この本ではパワハラとセクハラに的を絞って書いています。

　１章では法的基礎知識を中心にハラスメントの背景や影響についてまとめました。

　２・３章では職場で遭遇しやすいハラスメント場面を、１枚のイラストを中心とした事例で提示し解説を行っています。

　また、巻末にはパワハラ・セクハラに対して具体的にどう考え対応したら良いのかが示されている各指針を載せています。

　ハラスメントを考える際は「労働者が働きやすい職場環境を、事業主としてどう整えるか」という視点と、「働く労働者１人ひとりが、自分たちが働きやすい職場環境を作りあげていくためにお互いにどうしていくべきか」という視点が必要になります。ですがハラスメント問題は法律が絡んでくる難しい問題であるため、どうしても近寄りがたい雰囲気を醸し出してしまいがちで、現在ハラスメント問題で必死に悩んでいる人以外はあまり興味関心を抱かない傾向にあるように思います。

　そのためまず「職場でありがちな、ハラスメントのボーダーライン事例」と捉えられることの多い興味を引きやすい場面を１枚のイラスト事例にしました。「ああ、昔から良くあることだよね」「困るけど、どうしようもないんじゃないの」ということで片づけてしまわないで、ぜひ自分の職場に置き換えてそれぞれの職場で話し合ってみてください。本書を、企業におけるハラスメント対策を積極的な取組とするためにご活用いただければ幸甚です。

2020 年４月　　　　森井梢江

1

こんな対応絶対 ナシ！
パワハラ・セクハラ イラスト事例集

第3章　セクハラ事例

第1章

ハラスメントの基礎知識

職場で問題になるハラスメントにはどんなものがあるか、その原因と背景について解説します。

（1）ハラスメントとは

　ハラスメント（harassment）とは「嫌がらせ」を意味する英単語です。

　国際条約ではハラスメントを「身体的、心理的、性的、経済的被害を引き起こす、または引き起こしかねない、様々な受け入れがたい振る舞いや慣行」と定義付けています。

　最近では何でもハラスメントと名付ける風潮がありますが、職場環境の中で問題となる3大ハラスメントとして以下のものが挙げられます。

①パワーハラスメント（パワハラ）
②セクシャルハラスメント（セクハラ）
③妊娠・出産・育児休業・介護休業に関するハラスメント
（マタニティーハラスメント、パタニティーハラスメント、ケアハラスメント）

　2019年（令和元年）5月29日、「女性の職業生活における活躍の推進に関する法律等の一部を改正する法律」が成立し、同年6月5日に公布されました。これは女性活躍推進法の改正の一部として、ハラスメント対策の強化を内容とした「労働施策の総合的な推進並びに労働者の雇用の安定及び職業生活の充実等に関する法律（労働施策総合推進法）」の改正により事業所に対してパワハラ防止対策の措置義務を定めたものです。

　詳細は「事業主が職場における優越的な関係を背景とした言動に起因する問

題に関して雇用管理上講ずべき措置等についての指針（令和2年1月15日厚生労働省告示第5号．以下「パワハラ防止指針」）によって示されました。さらに国際労働機関（ILO）においても2019年に、「働く場での暴力や嫌がらせ」を禁止する初の国際条約も採択されています。

　なおセクハラについては、「雇用の分野における男女の均等な機会および待遇の確保等に関する法律」（昭和47年法律第113号）において防止措置を事業主に義務付けています。

　セクハラ防止措置に関しての詳細は「事業主が職場における性的な言動に起因する問題に関して雇用管理上講ずべき措置についての指針（平成18年厚生労働省告示第615号．最終改正：令和2年1月15日厚生労働省告示第6号．以下「セクハラ防止指針」）によって示されています。

　ですが未だに都道府県労働局には多くのセクハラの相談が寄せられている状況であり、2019年にセクハラ防止対策の強化がなされています（「改正雇用の分野における男女の均等な機会及び待遇の確保等に関する法律の施行について」（雇均発0210第2号。令和2年2月10日））。

　「ハラスメント問題」は、「個性的な人たちが起こす個人的なトラブル」として矮小化されるものではなく、「国」「事業主」「労働者」が予防から再発防止に至る一連の措置を適切に講じることが求められています。

（2）パワハラとは

職場におけるパワハラとは以下のことを言います。

> 職場において
> ①優越的な関係を背景とした言動であって
> ②業務上必要かつ相当な範囲を超えたものにより
> ③労働者の就業環境が害されるもの

（労働施策の総合的な推進並びに労働者の雇用及び職業生活の充実等に関する法律　第30条の2第1項）

パワハラであると判断されるためには、この3つの要素が全て満たされる必要があります。逆に言うとどれか1つでも欠けていればパワハラには当たりません。

典型的なパワハラ具体例として次頁の6つの行為類型が示されています。ただしこれは限定列挙ではなく、当てはまらないものはパワハラではないということではないので注意してください。

パワーハラスメントの行為類型

イ　身体的な攻撃（暴行・傷害）

①殴打、足蹴りを行うこと。

②相手に物を投げつけること。

ロ　精神的な攻撃（脅迫・名誉棄損・侮辱・ひどい暴言）

①人格を否定するような言動を行うこと。相手の性的指向・性自認に関する侮辱的な言動を行うことを含む。

②業務の遂行に関する必要以上に長時間に渡る厳しい叱責を繰り返し行うこと。

③他の労働者の面前における大声での威圧的な叱責を繰り返し行うこと。

④相手の能力を否定し、罵倒するような内容の電子メール等を当該相手を含む複数の労働者宛てに送信すること。

ハ　人間関係からの切り離し（隔離・仲間外し・無視）

①自身の意に沿わない労働者に対して仕事を外し、長期に渡り、別室に隔離したり、自宅研修させたりすること。

②1人の労働者に対して同僚が集団で無視をし、職場で孤立させること。

ニ　過大な要求（業務上明らかに不要なことや遂行不可能なことの強制・仕事の妨害）

①長時間に渡る、肉体的苦痛を伴う過酷な環境下での勤務に直接関係のない作業を命ずること。

②新卒採用者に対し、必要な教育を行わないまま到底対応できないレベルの業績目標を課し、達成できなかったことに対し厳しく叱責すること。

③労働者に業務とは関係のない私的な雑用を強制的に行わせること。

ホ　過少な要求（業務上の合理性なく能力や経験とかけ離れた程度の低い仕事を命じることや仕事を与えないこと）

①管理職である労働者を退職させるため、誰でも遂行可能な業務を行わせること。

②気に入らない労働者に対して嫌がらせのために仕事を与えないこと。

ヘ　個の侵害（私的なことに過度に立ち入ること）

①労働者を職場外でも継続的に監視したり、私物の写真撮影をしたりすること。

②労働者の性的指向・性自認や病歴、不妊治療等の機微な個人情報について、当該労働者の了解を得ずに他の労働者に暴露すること。

（3）セクハラとは

職場におけるセクハラとは以下のことを言います。

> 職場において
> ①相手の意に反する性的言動が行われ
> ②性的な言動に対するその雇用する労働者の対応により
> ③労働条件に不利益を受けたり、就業環境が害されること

職場におけるセクシャルハラスメントには「対価型」と「環境型」の2種類があります

＜①対価型セクシャルハラスメント＞

職場において行われる性的な言動に対する労働者の対応により、当該労働者が解雇、降格、減給等の不利益を受けること。

労働者の意に反する「性的な発言・行動」があり

拒否・抵抗・抗議によって

労働者が解雇・降格・減給・不利益な配置転換等の不利益を受けること

＜②環境型セクシャルハラスメント＞

　職場において行われる労働者の意に反する性的な言動により、労働者の就業環境が不快なものになったため、能力の発揮に重大な悪影響が生じる等当該労働者が就業する上で看過できない程度の支障が生じること。

労働者の意に反する「性的な発言・行動」があり

労働者の就業環境が不快に

労働者が働き続けるのが難しい・能力発揮が難しいといった支障が生じること

ポイント

　ポイントになるのは、セクハラの判断基準に「労働者の意に反している」ということが大きな条件の１つになっている、つまり労働者の主観が重要視されていることです。

　しかし会社に防止措置を義務付ける以上、一定の客観性も必要になりますので、被害者の主観だけでなく、被害を受けたのが女性であれば「平均的な女性労働者の感じ方」を基準とし、被害を受けたのが男性であれば「平均的な男性労働者の感じ方」を基準とすることが適当とされています。

（4）ハラスメントが起こる背景

　職場で起きるハラスメントの発生原因を知ること、またハラスメントが起きる背景を知ることは、起きているハラスメントを理解する上で大変役に立ちますし、新たなハラスメントを予防していくためにも重要なものになります。

　ハラスメント予防対策においても企業の責務として、ハラスメントの発生原因や背景を労働者に周知・啓発することが求められています（「パワハラ防止指針」4⑴イ①、「セクハラ防止指針」3イ）。

①働く環境の変化

　近年は様々なバックグラウンドを持った人々が、異なった雇用形態で1つの職場に集って働くことが当たり前になってきました。

　2人以上の人間が集えば意見の衝突は起きます。それが様々な立場で、異なった考えや経験を持った、世代も違う人同士であればなおさら価値観の相違による衝突が起きるのは避けられないでしょう。

　最近ダイバーシティという言葉がよく使われます。ダイバーシティとは「多様性・相違点・多種多様性」という意味ですが、企業経営で用いる言葉として解釈すると「個人や集団の間に存在している様々な違い」という意味になります。

　もう既に職場の中に多様な人材が集まって多様なニーズが発生しています。それなのにそのニーズを許さないで、昔ながらの価値観に皆を閉じ込めてしまうことが、多くのトラブルを生みだす原因となります。

　働く全ての人が様々な「違い」に関わりなく、自分の持てる力をフルに発揮して、仕事ができる環境を作ることが今、強く求められています。

②経営環境の変化

近年の職場環境の特徴について以下のように言われます。

・1人当たりの仕事量が増えた
・求められるスピードが速くなった
・ミスに厳しくなった

このような「忙しくて余裕が無く、緊迫した職場環境」では自然にストレスが高まり、いらだつ職場環境となりがちです。

皆がゆとりの無い職場では、お互いについ言葉が荒くなってしまったり、思うように成果が出せない人に対して必要以上に風当たりが厳しくなりがちとなります。

③働く人の意識の変化

終身雇用、年功序列が崩壊したことにより転職に対する抵抗感が弱まりました。それにより以前ならば「こんなことを言ったら会社に居づらくなる」といった考えから躊躇していた会社への批判や苦情が言いやすい状況になってきました。

また「一生この会社だけに全てを預ける！」という滅私奉公型の働き方を善と考える人が減り、「ワーク　ライフ　バランス」を重要視する人が増えてきました。それにより仕事観の違いからぶつかるということが増えました。

さらに家庭や教育の場で強い指導をすることが減っています。そのため社会に出て初めて「強く叱られる」「理不尽な要求を突き付けられる」体験をする若者が戸惑い、つぶれてしまうといった現象も目立ってきています。

このような労働者側の変化も大きな影響をもたらしています。

④根強い性別役割分担意識

　「男は仕事をして、女は家庭を守る」といった古い固定観念は今も多くの日本人の根底にあります。

　こうした考えから職場の女性を対等なパートナーではなく異性として意識したり、十分な活躍ができない人材と決めつけたりすることからハラスメントの問題が起きます。

　同じ理由で育児や介護のために制約を持って働いている男性に対し、「男のくせに」といった意識から、疎外するような言動を生むことがあります。

⑤社会認知度の向上

　仕事をしていく上で一度もハラスメントに類するような言動を見たり聞いたり体験したことのない人はいないと思います。大なり小なり「あれ、何かおかしくないかな」「これはやりすぎだよね」と感じながらも、でも仕方がないこと、我慢しなくてはいけない個人的なこととして、やりすごしてきたと思います。

　そのようなモヤモヤしたものに「パワハラ」「セクハラ」という言葉が与えられました。多くの人が「ああ、それ分かる！知ってる！」というものであったからこそ、社会認知度は高まり、いまや日常用語レベルまで普及しているのだと思います。

　世界的にも「働きやすい職業環境を整える事」は事業主の責務であるという考え方になっています。ハラスメントを「困った人が起こす個人的なトラブル」という狭い枠組みのみで捉えないことが大切です。

（5）ハラスメントの影響

　職場の中でハラスメントが起きた場合、どのようなところにどのような影響が起こるか考えてみましょう。

①被害者への影響

　繰り返し非難されたり否定されたり身体的攻撃を受けたりする職場での仕事は、かなりのストレスを伴います。

　出社することを考えるだけで憂鬱な気持ちになり職場に向かう足は重くなってしまうでしょう。不安や恐怖を感じながらでは仕事のパフォーマンスが著しく低下し、十分な能力の発揮は難しくなります。

　継続的なストレスにさらされることによってメンタルヘルス不調に陥り、精神疾患に罹患してしまったり、休職や退職など思い描いていたキャリアパスを変更せざるを得なくなったり、最悪自殺を引き起こしてしまう危険性があります。

　ハラスメントは被害者に様々な影響をもたらし、被害者の人生そのものを変えてしまう大きな影響力を持っています。

15

②加害者への影響

ハラスメント行為者であると認定され、懲戒処分に相当すると判断されれば、就業規則等に基づいて、けん責・減給・出勤停止・論旨解雇・懲戒解雇などの処分を受けることになります。懲戒処分にならない場合でも、被害者への謝罪や関係改善、不利益回復、職場環境の回復などに努めなければなりません。

さらに民事上の責任として不法行為責任を問われ、損害賠償責任を負うこともありますし、刑事上の責任として暴行罪や傷害罪などに問われ、刑事罰を受ける可能性もあります。

またハラスメントを行ったことで「ひどいことをする人」「ハラスメント体質の人」という目で見られ、加害者の個人的信用は失墜し、人間関係が崩れる危険性があります。

「相手を貶める・辞めさせる目的」で意図的に行った、確信犯的なハラスメントの場合は比較的加害者も納得することが多いですが、問題になるのは加害者自身に加害の意図・自覚が無く「いつも通り仕事をしていた」つもりだったのに、突然ハラスメント加害者として糾弾された場合です。

その場合は加害者自身が強いショックを受け、メンタルヘルス不調をきたしてしまう可能性もあります。

③職場環境への影響

　厚生労働省が 2012 年（平成 24 年）に行った職場のパワハラに関する実態調査では、パワハラに関する相談があった職場の共通する特徴として以下のものがあります。

> ・残業が多い／休みが取りにくい
> ・上司と部下のコミュニケーションが少ない
> ・失敗が許されない／失敗への許容度が低い

　このような職場では「助け合わない風土」「イライラギスギスした人間関係」「上下関係が絶対的な関係性」が出来やすく、それによってハラスメントの被害者だけでなく、他の労働者全体の意欲低下やパフォーマンスの低下を引き起こすことに繋がっていきます。

④企業への影響

　職場環境の悪化はその職場で働く人のモチベーションの低下に繋がり、それにより職場のモラルの低下が起きます。組織の活力低下やモチベーションの低下は作業効率の悪化やミスの増加を招き、結果職場の生産性を低下させます。

　またハラスメントに対して何も対策を講じずにその状態を許してしまっている職場では「こんなところでは働けない」と退職者が増加し労働者の定着率の低下をもたらしますし、新しい労働者も入ってこなくなります。

　ケースによっては行為者だけでなく、パワハラを許した企業にも法的な責任が問われます。裁判のための弁護士費用や対応のために費やした時間・費用の負担も相当なものになりますが、それだけでなく「企業イメージの悪化」「企業ブランドの失墜」に繋がる大きな問題になります。

第2章

パワハラ事例

この章では具体的なパワハラ事例を見ていきます。

事例を見て「あれ、自分もこれ言ってる（やってる）けど、ダメだったの？」「このセリフよく言われてモヤモヤしていたけれど、どうしてだったのかな」など、まずは日常的な職業生活の中に潜む「パワハラの芽」に気づくことが大切です。

ぜひ職場内で気づきを共有し、いきいきとした活力ある職場づくりを目指していきましょう。

ウチの部下はくだらないミスが多すぎる！思わず机を蹴ってしまった（机が動いて膝を打ったようだ）けど、俺は本気で怒ってんだよ！これで行動を改めてくれよな。

20

||||||||||||||||||||||||||||||||||||||||||||||||||||

身体的な攻撃は明らかなパワハラです。

　パワハラに当たるか否かは、時と場所と状況によって変わることがありますが、身体的な攻撃はどのような状況であってもパワハラに該当します。

||||||||||||||||||||||||||||||||||||||||||||||||||||

身体的な攻撃（暴行・傷害）（パワハラ防止指針　2（7）イ）

　身体的な攻撃とは身体的に打撃を与えることですが、これには暴行・傷害までは当たらない、相手の方向に向かって物を投げつける（物が当たらない場合も含む）行為も含みます。これらの行為はどんなに「教育目的」「業務に関連がある」「相手の労働者に非がある」としても、その行為を正当化することはできません。

ミスした後輩の頭を軽く叩いた。
ヘルメットをかぶってたし、ケガしたわけじゃないからこれくらい問題ないだろう。

大ケガならパワハラになる？

||||||||||||||||||||||||||||||||||||||||||

「身体的攻撃」は、身体にどれくらい大きなダメージを与えたかというバロメータで判断されるものではありません。

||||||||||||||||||||||||||||||||||||||||||||||

身体的な攻撃（暴行・傷害）（パワハラ防止指針２（７）イ）

　「暴行・傷害」というと殴る・蹴る・体の自由を奪うなどの行為を想像されることが多いと思います。しかしケガを負うほどではなくても、また相手に直接的物理的攻撃を与えなくても「職場環境を害する言動」、例えば「近くにつばを吐きつける」「書類を投げつける」「足元のごみ箱を蹴りつける」といった被害者の身体に向けられた攻撃も身体的攻撃に当てはまります。

腹が立ってすれ違いざまに肩をわざとぶつけてしまった。パワハラだって言われると面倒だから「悪気があったわけじゃない」「わざとじゃない」って言っておけば大丈夫だろ。

気持ちの問題
でしょ？

||||||||||||||||||||||||||||||||||||||||||||||||||||

　問題となる言動がパワハラに該当するかの判断は、その言動が行われた「経緯・目的・頻度・関係性・業務の性質」など様々なものを考慮する必要があります。

||||||||||||||||||||||||||||||||||||||||||||||||||||

身体的な攻撃（パワハラ防止指針２（７）イ（ロ）①）　：イ（ロ）該当しないと考えられる例　①誤ってぶつかること

　パワハラ防止指針の中に「パワハラに該当すると考えられる代表的な言動の類型」「該当しないと考えられる代表的な言動の類型」が示されています。

　身体的攻撃になりそうだけど該当しない例として「誤ってぶつかること」と提示されています。そのため「悪意が無ければ問題にならない」と誤解してしまう人がいますが、その言動がパワハラに該当するのかどうかは、言動が行われた背景を総合的に考慮して決められますので、それだけでは言い訳にはなりません。

　本事例ではわざとぶつかっていることから「身体的な攻撃」に当たると考えられます。

パワハラ事例　4

他部署から異動してきた新しい上司は仕事ができない。
足を引っ張るようなことばかりするからイライラしてつい
口調がキツくなるけれども、仕事できないのが悪いんだ
よ！

||||||||||||||||||||||||||||||||||||||||||||

　職場内の優位性が決まるのは地位や肩書だけではありません。業務上必要な知識・技術・経験・資格、雇用形態なども大きなパワーになります。

||||||||||||||||||||||||||||||||||||||||||||||||||

精神的攻撃（パワハラ防止指針2（7）ロ）
：脅迫・名誉棄損・ひどい暴言といった精神的な苦痛を与える行為

　パワハラというと上司から部下に対して行われるものというイメージがありますが、「職場内での優位性」を背景にしているのであれば誰でも加害者になり得ます。つまり「部下から上司へ」「同僚から同僚」へ行われるものもパワハラとなることがあります。
　本事例のように経験の長さによって得られた業務上必要なノウハウ・知識というパワーを背景に、相手の人格を否定したり、社会的評価を低下させるような発言を繰り返した場合は「精神的攻撃」と判断される可能性が高くなります。

パワハラ事例　5

プライベートの旅行で買ってきたお土産なんだから、話が
合わない人には正直あげたくない。
これは仕事じゃないんだから問題ないでしょ？

||||||||||||||||||||||||||||||||||||||||||||||||

　職場内の上司や先輩、古くから勤めている社員など、職場内で優位な立場にある者から日常的に行われるとパワハラに該当します。

||||||||||||||||||||||||||||||||||||||||||||||||

人間関係からの切り離し（パワハラ防止指針2（7）ハ）
：隔離・無視・仲間外しといった行為

　プライベートで買った物を仲の良い人に渡すという行為、これは個人的な行動です。

　ですが職場内で優位な立場にある人が、労働者個人を孤立させたり排除する目的で、上記の事例にあるような行動を職場で行ったとすると、その労働者の就業環境を害することに繋がります。そのため「人間関係からの切り離し」型のパワハラに当てはまる可能性が高くなりますので注意が必要です。

パワハラ事例　6

新人の自分だけ、毎日残業とか休日出勤しても終わらない
仕事を振られている。
でも実際仕事できてないんだから、皆より沢山がんばらな
いと！

でも...ツライなあ...

||||||||||||||||||||||||||||||||||||||||||||||||||||||||

　能力や経験を超える無理難題な指示で、他の社員より著しく多い業務量を課すことはパワハラになります。

||||||||||||||||||||||||||||||||||||||||||||||||||||||||

過大な要求（パワハラ防止指針2（7）ニ）
：業務上明らかに不要なことや遂行不可能なことへの強制、仕事の妨害

　適切な業務量というのは会社や部署や個人の力量にもよるので、単に「多くの仕事をさせる」というだけではパワハラにはなりません。

　しかしその人のキャパシティーを明らかに超えた（過剰な仕事量・長時間労働）業務を続けてしまうと強い身体的・精神的な負荷がかかります。達成不可能なことが分かっているのに、負担の強い仕事を課し続けるのは嫌がらせであると判断される可能性が高くなります。

今度引っ越しをするけど人手が足りない…。
散々仕事で面倒みてやっているんだから、後輩に手伝って
もらおう！
俺だって昔、よく駆り出されたもんなあ。

昨日もお前のミス
フォローして
やっただろ

散々面倒みてんだから
恩返ししろよな！

|||||||||||||||||||||||||||||||||||||||||||||||

　業務とは関係の無い私的な雑用の処理を行わせるもので、パワハラに当てはまる可能性があります。

|||||||||||||||||||||||||||||||||||||||||||||||

過大な要求（パワハラ防止指針2（7）二（イ）③）
：業務上明らかに不要なことや遂行不可能なことへの強制、仕事の妨害

　部下指導の際につい「面倒みてやってるんだから、お前も何か返せ」という考えを押し付けてしまうことがあります。さらに部下も「いつもお世話になっているから」という上下関係による抑圧や、友好的関係を保とうとする気持ちが働くことがあります。その関係につけこんで、業務と関係の無い私的な雑用の処理を強制的に繰り返し行わせることは「過大な要求」型のパワハラになります。

仕事は手取り足取り教えてもらうものじゃない。なのに新人が「上司が仕事を教えない、パワハラだ」って…。
甘えんな！！

仕事は上司の
背中を見て盗んで
覚えるものだ
楽するな！

いちいち聞
いてくるん
じゃない
自分で考え
ろ！！

これ...やったこと
ないんですが
どう直したら良い
ですか？

気合と根性！

||||||||||||||||||||||||||||||||||||||||||||||

　適切な指導をせずにいて、かつ、できないことを強く非難する場合はパワハラに該当する可能性があります。

||||||||||||||||||||||||||||||||||||||||||||||

過大な要求（パワハラ防止指針2（7）ニ）
：業務上明らかに不要なことや遂行不可能なことへの強制、仕事の妨害

　「仕事とはこういうものだ！」という強い考えがあって、それに従って行動していたらハラスメントだと糾弾されショックを受けたという話をよく聞きます。
　職場のハラスメントの境界線は社会意識の変化に伴って変化してきています。ですのでそこで働く人たちの考え方も日々アップデートしていくことが必要になります。「今まで問題なかった」「これまではこうしてきたんだ」という言い訳は通用しなくなります。

パワハラ事例　9

リストラ候補の部長を窓際部署に左遷した。
正直、嫌がらせ人事なんだけれど…「能力に応じた」異動
なのだから仕方ないよね。

配置転換

座ってるだけでいいっ
て言われてもね...

||||||||||||||||||||||||||||||||||||||||||||||||||||||

　一般的に配置転換は就業規則などの根拠に基づき、その範囲内で行うことができますが、業務上の必要性が無いものや退職に追い込むためのもの、当該労働者の個人的事情を全く考慮しないものは配転命令権の濫用と評価されます。

||||||||||||||||||||||||||||||||||||||||||||||||||||||

過小な要求（パワハラ防止指針2（7）ホ①）
：業務上の合理性がなく、能力や経験とかけ離れた程度の低い仕事を命じることや仕事を与えないこと

　配置転換がパワハラになるかどうかは「業務上必要性があるか」「労働者への通常甘受すべき程度を超えた不利益がないか」「配置転換の目的や動機が正当か」「労働者が持つ専門性からほど遠いものではないか」などで判断されます。

　相手を辞めさせる目的で、一方的に「リストラ部屋」「窓際族」といった閑職へ追いやったりするのは配転命令権の濫用に当たります。

部下の個人情報を人事部と共有した。
マネジメントに必要な情報なんだから上司の私が知っておく事でしょ。本人の許可なんか必要無いわよ。

||||||||||||||||||||||||||||||||||||||||||||||||||

　個人情報を共有する場合は、労働者本人の承諾を得てからにしましょう。この事例でも人事担当者は「では君の上司にその旨配慮するように言っておくけど良いね？」と言っておくべきです。また、これを他の同僚たちに漏らすのは不適切です。

||||||||||||||||||||||||||||||||||||||||||||||||||||

個の侵害（パワハラ防止指針2（7）へ②）：私的なことに過度に立ち入ること

　管理職としての優位性を利用して私生活に過度に干渉した不適切な発言や、私物を覗き見たりすることは「個の侵害」型のパワハラになります。
　事例のような業務遂行に当たって管理職が労働者の管理が必要で、その目的で私的なことに立ち入る場合はパワハラには当てはまらない可能性が高くなります。ですが、だからといってこれを他に漏らして良いことにはなりません。
　個人の情報を他人にみだりに漏らす行為はプライバシー権の侵害となりますし、そのことによって社会的な名誉が傷ついた場合は名誉棄損として不法行為に当たりますので、本人の承諾無しに口外してはいけません。

仕事が終わった後に後輩を連れて行った居酒屋でつい飲み
すぎてひどいことを言ってしまった。
その時の言動を「パワハラだ」って言われたけど、仕事中
の出来事じゃないんだから違うでしょ？

君と結婚する女性
の気が知れないね

君は皆と違って
変だよね
扱いづらいよ！

||||||||||||||||||||||||||||||||||||||||||||||||||

　「職場」かどうかの判断は職務との関連性・参加者・参加が強制的か任意かなどを考慮して判断する必要があります。

||||||||||||||||||||||||||||||||||||||||||||||||||

職場とは（パワハラ防止指針2（2））
：事業主が雇用する労働者が業務を遂行する場所

　職場におけるパワハラとは「職場」において行われます。
　ではどこまでが職場なのかというと、いつも仕事をしているオフィスだけが職場ではありません。
・業務の延長であるか（場所は違うがいつもの仕事をしている等）
・参加が強制的か（仕事にからめた飲み会等）
　などを判断材料にするので、例えば勤務時間外の宴会や社員旅行なども、実質上職務の延長と考えられるものは「職場」に該当するとされることがあります。
　本事例のように上司と2人だけで、しかもたとえ上司から誘われたとしても任意による参加の場合、職務との関連性や参加の任意性の観点から社会通念上職務の延長と考えることが困難であると判断される可能性も出てくると思われます。

パワハラを受けたと派遣社員が相談窓口に相談に行ったらしい。
ウチの社員じゃないんだからウチの会社に相談するのおかしくない？？

派遣なんだから自分の
会社の相談窓口を使え
よ！告げ口か！？

相談窓口

|||||||||||||||||||||||||||||||||||||||||||||||||||||

　対象とすべき労働者はいわゆる正規雇用労働者のみならず、パートタイム労働者、契約社員などいわゆる非正規労働者を含む「職場で働く全ての人」を指します。また派遣労働者については派遣元のみならず派遣先も措置義務を負い、派遣先が設けた相談窓口での相談の対象になります。

|||||||||||||||||||||||||||||||||||||||||||||||||||||

労働者とは（パワハラ防止指針2（3））
：事業主が雇用する労働者の全て。派遣先は、派遣労働者に対しても措置義務を負う

　派遣労働者については、派遣元事業主のみならず派遣先も労働者派遣法第47条の4の規定により、その指揮命令の下に労働させる派遣労働者と雇用する事業主とみなされることから、派遣先事業主は派遣労働者についても、配慮義務・措置義務を講ずることが必要です。

無断欠勤を切り返す部下を個室で強く叱責したら、「大声を出されて恐怖を感じた、パワハラだ」と言われた。そもそもの原因は向こうなのに私が悪いの！？

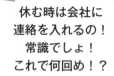

休む時は会社に
連絡を入れるの！
常識でしょ！
これで何回め！？

なんでパワハラ！！？
あいつが悪いんですよ！

|||||||||||||||||||||||||||||||||||||||||||||||||||||||

　パワハラかどうかの判断は「言動の強さ」や「物言い」だけでされるわけではありません。強い言い方をされたとしても、業務の適正な範囲内での発言であればパワハラとは言えません。ただ必要以上に大声だったり、言辞が激しかったりした場合、問題となる余地があります。

|||||||||||||||||||||||||||||||||||||||||||||||||||||||

業務の適正な範囲（パワハラ防止指針2（5））
：社会通念に照らし、当該行為が明らかに業務上の必要性が無い、またはその態様が相当で無いものであること

　指導を受けた部下が主観的にパワハラであると感じても、業務上必要な指示・注意・命令であったとしたら、それはパワハラとは言えません。しかし個人の権利意識の高まりやパワハラという言葉の認知度の高まりから、「不快だと感じた」ことを全てパワハラという言葉でくくって異議を申し立てるといったケースも見られています。

　事業主は就業規則その他の職場における服務規程などを定めた文書においてパワハラに関する規定を定めること、また問題が起きた時にはそれに沿って適正に対処される旨を労働者に周知することが必要です。

　さらにパワハラの内容・発生原因・背景などを、労働者に対して周知・啓発するための研修・講習を実施することも重要です。

取引先との交流を考えると酒が飲めないのは問題だ。
一人前に飲めるように教育してやるのも上司の仕事だ。

酒が飲めないと困るのは
お前だ
飲み続ければ飲めるように
なる！！

||||||||||||||||||||||||||||||||||||||||||||||||||

パワハラの一種であるアルコールハラスメント（アルハラ）に当たる可能性があります。

||||||||||||||||||||||||||||||||||||||||||||||||||

アルコールハラスメント（アルハラ）
：飲酒に関連した嫌がらせや迷惑行為、人権侵害のこと

　「飲みニケーション」は上手に使えばより良い職場環境を作るツールになってくれますが、お酒の席での嫌がらせ・迷惑行為（①飲酒の強要②イッキ飲ませ③酔いつぶし④飲めない人への配慮を欠くこと⑤酔って絡むこと等）はハラスメントに当たります。

　お酒の飲み方は教わって変えることはできますが、お酒が飲める・飲めないは「体質」ですので教育で変えることはできません。

　特に職場で立場の弱い者に対して強要することは許されるものではありません。

47

中途採用者が「パワハラでうつ病が再発した」と言ってきた。
病気を黙ってた方が悪い！会社には落ち度は無い！

パワハラによって
再発

うつ病既往あり

ちゃんと言ってくれないと
配慮できない！
自業自得だよ！！

え、え、
知らない！！

り　れ　き　しょ

||||||||||||||||||||||||||||||||||||||||||||||||||||||

　　労働者からの申告が無かった場合でも、精神
的な不調が見受けられる労働者に対して、会社
側は仕事の配分を調整するなどの安全配慮義務
があります。

||||||||||||||||||||||||||||||||||||||||||||||||||||||

安全配慮義務
：労働者が安全に働ける環境を整えるよう配慮や対策を行う企業
**　側の責任**

　東芝（うつ病）事件の最高裁判決（最 2 小判 H26.03.24 労働判例 1094
号 22 頁）では、メンタルヘルスに関する情報は労働者にとって自己のプラ
イバシーに属する情報であり、通常は職場に知られたくない情報であるから、
申告しなかったとしても、会社は労働者の心身の健康への配慮に努める必要
があると判断しました。
　労働者からの申告が無くても、会社としては労働者の心の健康への配慮は
必要です。そのためには日頃から積極的にコミュニケーションを取ったり、
相談しやすい職場環境を整えることが大切になります。

繰り返しパワハラ行為をする専務が社内で問題になっている。
でも注意をしたことで能力のある専務に退職されてしまっても困るから、もう少し様子を見よう…。

でもあのひと、意外とうたれ弱いんだよね…

うーん…
またか

||||||||||||||||||||||||||||||||||||||||||||||||||||

　ハラスメントは誰にとってもデメリットしかありません。目先の損失（優秀なプレーヤーの損失）ではなく、将来の企業・組織の方向性を視野に入れた対策を講じましょう。

||||||||||||||||||||||||||||||||||||||||||||||||||||

行為者への対応（パワハラ防止指針4（1））
：パワハラ行為者に対しては、厳正に対処する旨の方針および対処の内容を就業規則その他の職場における服務規律等を定めた文書に規定し、管理監督者を含む労働者に周知・啓発すること

　パワハラ対策でまず重要なのは企業のトップが社内に向けて「どんな例外もなく」パワハラはしない・させない・許さないといったメッセージを示し、かつ実施することです。

　「この人は昔からこういう人だから、こんなひどいことをしてもまあ…仕方がない」「この職場ではこういうことがよくあるから」と各自が自己判断するのではなく、職場できちんとしたルールを作り、逸脱した場合は会社組織として対応していきましょう。

　ハラスメントの対応が遅れるとますます人間関係がこじれて深刻な事態に至る恐れがあります。

パワハラが起きるのはコミュニケーションが足りないから。相談担当者として間を取り持って、当事者２人でしっかり話し合ってもらうのが一番の解決方法だ。

お互いを良く知れば分かりあえるわ！！
さあホンネで話し合いましょう！

||||||||||||||||||||||||||||||||||||||||||||||||||||||

　パワハラは「個人間のトラブル」というだけでなく、「職場環境の問題」という視点で問題解決を目指していきましょう。

||||||||||||||||||||||||||||||||||||||||||||||||||||||

> **ハラスメントが起きる３つの要因**
> **：①いじめられる因子を持った人**
> 　**②いじめる因子を持った人**
> 　**③いじめを許容する職場環境**

　人間関係のトラブルは２人以上の人間が集まれば生まれてしまうものです。ですがそれが「職場内いじめ・嫌がらせ」という状態にまで悪化するには３つの要因が職場内に揃ってしまったことが原因です。

　ハラスメントを個人間のトラブルとして捉えて、当事者教育のみに腐心していると、同じ職場で他の新たな加害者・被害者が繰り返し現れるという現象が起きてしまいがちです。

　ハラスメントは当事者の個人的な問題として「当事者が話し合えば問題は解決する」と考えるのではなく、職場環境の問題として考えることが必要です。

利用者や顧客からのクレーム処理も業務の一環だ。
暴言を吐かれても、仕事なんだから担当として最後まで責任持って対応してもらわないと困る。

君が担当でしょ
何とかしてね

|||||||||||||||||||||||||||||||||||||||||||||||||||||||||||

従業員に対する暴言、迷惑行為は「カスタマーハラスメント」に該当する可能性があります。

|||||||||||||||||||||||||||||||||||||||||||||||||||||||||||

カスタマーハラスメント（カスハラ）（パワハラ防止指針7）：顧客である立場を利用した悪質なクレーマーから受ける嫌がらせ・迷惑行為のこと

　近年社会問題化しているカスハラは、顧客から従業員に対する暴力や悪質なクレームなどの迷惑行為により労働者に大きなストレスを与える悪質なケースも見られます。事業主は顧客や取引先など外部の者から悪質な迷惑行為があった場合にも、労働者の心身の健康も含めた生命・身体などの安全に配慮する必要があります。パワハラと類似性がある問題ですが、パワハラと違い「社外」との関係で起こるので対応は異なります。

　従業員1人だけに負担を抱えさせるのではなく、企業として問題対応に当たりましょう。これには(1)相談に応じ適切に対応するために必要な体制の整備(2)被害者への配慮のための取組（1人だけで対応をさせない等）(3)被害を防止するための取組などがあります。

パワハラと言われない！教育指導

パワハラは部下指導の際に問題になることが多いものです。パワハラ加害者として糾弾されないためには、まず日頃の自分の言動を客観的に振り返ってみることが大切です。自分のため・職場のために、明日の自分をちょっと変えてみましょう。

叱る内容は具体的に

「ちゃんとやれ」「本気でやれ」といった抽象的な指導ではお互い目指すものがみえづらくなります。指示はどうしたらいいか具体的に！

感情的にならない

思い通りに仕事が進まなかったイライラをぶつけて「怒る」のではなく、相手の成長を目指し「叱る」という視点で指導を行いましょう。

人格・性格の非難はNG

仕事のミスは責めてもその人そのものを責める（「田舎者には無理だ」「お前はいつもダメだな」等の言動はご法度です。

コミュニケーションをしっかりと

「そんなつもりじゃなかったのに」というすれ違いを予防するために普段からしっかりコミュニケーションをとりましょう。

第３章

セクハラ事例

この章では、セクハラ事例を見ていきます。事例１～１４はセクハラ事例、事例１５～１８はセクハラの芽となり得て、セクハラの発生原因や背景となるおそれがある「性別役割分担意識に基づく言動」についてを番外編事例としてまとめています。

自分の部署の女性部下がちょっと触ったくらいでセクハラ被害を訴えてきた。
やりづらいし面倒くさいから異動してもらおう。

ウチで仕事するの
無理なんじゃないの？
さよなら！

NO!!

お前可愛げがないよ

|||||||||||||||||||||||||||||||||||||||||||||||||

　労働者の意に反する性的な言動に対する労働者の対応（拒否や抵抗）により、労働者に不利益な対応をすることはセクハラに当たります。

|||||||||||||||||||||||||||||||||||||||||||||||||

対価型セクハラ（セクハラ防止指針2（5））

：労働者の意に反する性的な言動に対する労働者の対応（拒否や抵抗）により、その労働者が解雇、降格、減給、労働契約の更新拒否、昇進・昇格の対象からの除外、客観的に見て不利益な配置転換などの不利益を受けること

以下のようなものが典型例として挙げられます。

・事務所内で事業主が労働者に対して性的な関係を要求したが拒否されたので、その労働者を解雇した。
・出張中の車内で上司が労働者の胸や腰に触ったが抵抗されたため、その労働者に不利益な配置転換をした。
・営業所内において事業主が日頃から労働者に係る性的な事柄について公然と発言していたが抗議されたため、その労働者を降格した。

　セクハラを防止するためには、就業規則その他の職場における服務規律などを定めた文章に、「ハラスメントは行ってはならない」旨の事業主の方針などを明確化し、管理監督者を含む労働者に研修や社内報などによって周知・啓発していくことが望まれます。

可愛くて男性に人気のある後輩がいる。これは男に色目を
使って仕事をしているに違いない。
被害が増えないように皆に注意喚起しておこう。職場の秩
序を守るため、上司として必要なことよね！

|||||||||||||||||||||||||||||||||||||||||||||||||||||||||||

　性的な内容の情報（噂）を意図的に流布した
ことで、労働者が就業困難になった場合は、セ
クハラに該当します。

|||||||||||||||||||||||||||||||||||||||||||||||||||||||||||

環境型ハラスメント（セクハラ防止指針2（6））
：労働者の意に反する性的な言動により労働者の就業環境が不快
なものになったため、能力の発揮に重大な悪影響が生じるなど
その労働者が就業する上で看過できない程度の支障が生じるこ
と

　他にも以下のようなものが環境型セクハラの典型例として挙げられます。

・事務所内において上司が労働者の腰、胸などに度々触ったため、その労
　働者が苦痛に感じてその就業意欲が低下していること。
・事務所内にヌードポスターを掲示しているため、その労働者が苦痛に感
　じて業務に専念できないこと。

　使用者には「職場で労働者が働きやすい環境を保てるように配慮する注意
義務」があります。これに対応して労働者には「セクハラが無い環境で働く
権利」があります。職場からセクハラの被害者・行為者を出さないために日
頃の言動や勤務態度、心身の状態などにお互い注意し、問題発生の兆候を見
逃さないようにしましょう。

怒りやすい女上司の話をしていたら、後ろにいた同僚が
「聞いてて凄く嫌！セクハラ！」って。
触ったりしたわけじゃないし、本人聞いてないんだからセ
クハラっていうのはおかしくない？

なにイライラしてんの？生理？

|||||||||||||||||||||||||||||||||||||||||||||||||||

性的な関心に基づく「スリーサイズは？」「生理？」「更年期？」などの相手を不快にさせる発言はセクハラに当たります。

|||||||||||||||||||||||||||||||||||||||||||||||||||

性的な言動（セクハラ防止指針2（4））
：性的な内容の発言および性的な行動のこと

性的な内容の発言例として以下のものが挙げられます。

・性的な事実関係を尋ねること
・性的な内容の情報（噂）を流布すること
・性的な冗談やからかい
・食事やデートへの執拗な誘い
・個人的な性的体験談を話すこと

またその発言が自分に向けられたものではなかったとしても、職場内でのセクハラ発言が許容される環境では、職場秩序の乱れや業務への支障に繋がる大きな問題となります。

受けた人がセクハラだと思ったらセクハラだ。

部長から不必要に
触られるのが苦痛
すぎて出勤できな
いって言ってます

え！？
後ろから肩を叩いて
呼び止めただけだよ！？

「労働者の意に反する性的な言動」および「就業環境を害される」の判断に当たっては労働者の主観が重視されます。しかし受けた人がセクハラと感じれば何でもセクハラになるというものでもありません。

セクハラの判断基準

「改正雇用の分野における男女の均等な機会及び待遇の確保等に関する法律の施行について」（平成18年10月11日雇児発第1011002号、最終改正平成28年8月2日雇児発0802第1号）（施行通達）

　セクハラの状況は多様であり、判断に当たっては個の状況を斟酌する必要があります。

　本事例のような「肩を叩き、呼び止める」といった行為は平均的な女性労働者の感じ方を基準とした場合、強い精神的苦痛を被るほどの身体的接触であるとは言い難いと思われます。しかし相手から抗議を受けていた・明らかに嫌がっていたのにもかかわらず行為を繰り返していた・平均的な労働者と異なる感じ方をすることを知りながら行ったなどの状況があった場合にはセクハラと判断されることがあります。

　受けた人がセクハラだと思っても全てがセクハラだと見なされるわけではありませんが、「これくらい大丈夫だろう」と自分の考え・感覚だけで判断しないことが大切です。

「重い荷物を運ぶのなんて男の仕事でしょ」と言ったらセクハラだと言われた。男がセクハラ被害を訴えるなんてありえない！

||||||||||||||||||||||||||||||||||||||||||||

　　セクハラは、男性も女性もどちらも、被害者
もしくは加害者になりうる問題です。

||||||||||||||||||||||||||||||||||||||||||||||

セクハラの対象（セクハラ防止指針2（1）（3））
：事業主が雇用する労働者の全て

　セクハラの被害者は圧倒的に女性が多くなっています。ですがあまり顕在
化していないだけで、男性が被害者になっている事例も多々見られます。
　2006 年（平成 18 年）の男女雇用機会均等法の改正で、職場におけるセ
クハラの対象を男女労働者とするとともに、その防止のため、労働者からの
相談に応じ、適切に対応するために必要な体制の整備をはじめ、その他の雇
用管理上必要な措置を講ずることが事業主に義務付けられました。女性だか
らセクハラの加害者にならないというわけではありません。

性的経験について、上司によくからかわれる。
嫌だけど同性同士のことだし…これはセクハラとは言えな
いよね。

こいつ童貞だから
ダメなんだよね

今夜　社会勉強させて
こようと思ってさ！

|||||||||||||||||||||||||||||||||||||||||||||||

異性間でセクハラに該当するとされる行為が同性間で行われた場合に、その行為はセクハラに当たることが多いと言えます。

|||||||||||||||||||||||||||||||||||||||||||||||||||

セクハラの行為者（セクハラ防止指針2（1））
：セクハラは女性労働者が女性労働者に対して行う場合や男性労働者が男性労働者に対して行う場合も含まれます

　2013年（平成25年）のセクハラ防止指針改正で、異性間だけでなく同性間の言動も職場のセクハラに該当することが明示されました。男性間での性的なからかい、宴会で脱衣を強制する、女性上司が女性の部下をしつこく食事に誘うなどが該当します。

セクハラ事例　7

取引先からしつこいセクハラ行為を受けている。
同じ会社の人じゃないんだから、社内の相談窓口に相談し
たって対応してくれないよね…。

　セクハラの行為者となるのは、被害者と同じ事業所に勤めている人とは限りません。他社の労働者から自社の労働者がセクハラを受けた場合にも、事業主は雇用管理上の措置として、相談に適切に対応する必要があります。

セクハラの行為者（セクハラ防止指針2（4）・4（3）イ）
：事業主、上司、同僚に限らず、取引先等他の事業主またはその雇用する労働者、顧客、患者、学校における生徒などもセクハラの行為者になります

　事業主は、他社の労働者から自社の労働者がセクハラ被害を受けたとして相談の申告があった場合、「事実関係を迅速かつ正確に確認すること」が必要ですが、その際にセクハラ行為をした労働者の事業主に事実関係の確認への協力を求めることもこれに含まれます。

雇用関係が無いのだから、就職活動中の学生への対応に問題があっても、会社は関係ない。

裏口の入社方法あるんだ
教えてあげるから
もう一度会おう

彼氏はいるの？

就職有利に
なるかな...

事業主は、雇用する労働者以外の者に対する言動についても以下の取組を行うことが望ましいとされています。

||||||||||||||||||||||||||||||||||||||||||||||||||||

事業主が自ら雇用する労働者以外の者に対する言動に関し行うことが望ましい取組（セクハラ防止指針7）

：(1)職場におけるハラスメントを行ってはならない旨の方針の明確化等を行う際に、これらの者に対する言動についても同様の方針を出すこと

(2)これらの者から職場におけるハラスメントに類すると考えられる相談があった場合に、その内容を踏まえて、必要に応じて適切な対応を行うように努めること

　近年職場において、立場の弱い就職活動中の学生に対するセクハラが問題になっています。

　まずは企業としての責任を自覚し、OB.OG訪問時の際も含めて「セクハラは行ってはいけないものであり厳正な対応を行う」旨などを研修等の実施により社員に対して周知徹底すること、OB.OG訪問なども含めて学生と接する際のルールをあらかじめ定めること等により、未然の防止に努めることが必要です。

セクハラ事例 9

性的マイノリティーの同僚をいじったら「セクハラ」だって！
ちょっとした冗談だよ。コミュニケーションじゃん。

ホモは子ども作れない
から生産性が無いよ
親不幸もの！

結婚できないから
昇進のライバルになら
ないな！

　性的指向や性自認をからかいの対象にすることはセクハラになります。

セクハラ行為の被害者（セクハラ防止指針2（1））
：SOGIハラ・Sexual orientation and gender identity。性的
　指向および性自認についてのハラスメント

　性的指向とは、自身がどの性の人に恋愛感情を抱くかという、感情の方向性のことを言い、性自認とは自身がどの性に属しているかという認識のことを言います。こういったことについて嫌がらせを行うことを SOGI（ソジ）ハラと言います。セクハラは異性に対するものだけでなく、同性に対するもの、セクシャルマイノリティーに対するものも該当し、2017 年（平成 29 年）1 月のセクハラ防止指針の改正により、事業主による防止措置の対象とされています。

「セクハラ受けた」って言われたけれど、あの時ニコニコしてたじゃないか。
きちんと「いやだ！」って意思表示しないと分かるわけないだろう？

あの時彼女嫌がってなんか
いませんでしたよ
言いがかりです！！

||||||||||||||||||||||||||||||||||||||||||||||

　不快感や拒否の意思を伝えなかったからといって、行為者の責任が無くなるわけではありません。

||||||||||||||||||||||||||||||||||||||||||||||

事実確認の迅速かつ正確な確認（セクハラ防止指針4（3）イ①）
：事案に係る事実関係を迅速かつ正確に確認すること

　セクハラと感じる言動に対して最も適切な対応は、セクハラの行為者に「不快であること・やめてほしい」という意思を伝えることです。
　ですが多くの事案で被害者が加害者やそのセクハラ行為に対して、内心では著しい不快感や嫌悪感を抱きながらも、職場の人間関係の悪化や業務上の不利益などを懸念して抗議や抵抗を躊躇することが少なくありません。被害の継続・拡大を防ぐために、事実確認に当たっては当事者の言い分や希望をしっかり聞きましょう。

セクハラ事例　11

セクハラだと受けた相談が大したことがないように思える。
波風立てないほうが大人な対応であることを教え諭してあげることが、私（相談担当者）の役割よね。

女の仕事は結婚までの
お遊びだからな
いい男つかまえたか？

働いてると
よくあることよ

大人の女ならそ
れくらいクールに
かわさなきゃ！

セクハラです！！

相談対応者	相談者

||||||||||||||||||||||||||||||||||||||||||||||||||

相談窓口担当者

　セクハラ被害の相談を受けた際は、事業主は
その内容や状況に応じ適切かつ柔軟に対応する
ために必要な体制の整備として、措置を講じな
ければなりません。

||||||||||||||||||||||||||||||||||||||||||||||||||

相談に応じ、適切に対応するために必要な体制の整備（セクハラ
防止指針4（2）イ・ロ）
・相談への対応のための窓口をあらかじめ定める
・相談窓口担当者が相談に対し適切に対応できるようにする

　2019年、男女雇用機会均等法の改正にて、「相談をした労働者に不利益な
取り扱いをすること」が禁止されました。セクハラへの対応をきちんとしな
かったことで事業主に損害賠償が請求されたケースもあります。
　相談担当者が相談を受けた場合は、個人的な見解から議論するのではなく、
会社のマニュアルに沿った中立的立場から行いましょう。

同僚がセクハラを受けて困っていることを相談窓口に相談したら、加害者に嫌われて働きづらくなってしまった。黙っていたほうが良かったのかな…。

||||||||||||||||||||||||||||||||||||||||||||||||

相談したことによる報復
↓
解雇・降格・不利益な評
価・労働契約内容変更の
要請　等

　　相談などを理由とした不利益取り扱い禁止
は、言動を直接受けた労働者に対するものだけ
でなく、それを把握して相談をした周囲の労働
者に対するものも含まれます。

||||||||||||||||||||||||||||||||||||||||||||||||

相談等を理由とした不利益取り扱い禁止
（セクハラ防止指針４（４）ロ）

　今般改正された労働施策総合推進法、男女雇用機会均等法及び育児・介護
休業法において、労働者がハラスメントなどについて相談を行ったこと、ま
たは事業主による相談対応に協力した際に事実を述べたことを理由とする解
雇その他の不利益な取り扱いが法律上禁止されました。

　事業主は労働者から「ハラスメントで困っている」「職場で他の労働者がハ
ラスメントを受けている」などの相談に対して不利益な取り扱いを行っては
いけませんし、そのことを労働者に周知・啓発していくことが求められてい
ます。

異動してきた女性部下は、前の部署でセクハラトラブルを訴えて上司を辞めさせたらしい。
トラブルメーカーのようだから、受付業務はさせないで掃除だけさせておこう。

冗談も分からない奴の隣の席に座るの嫌ですよー　大した顔じゃないくせに

あいつにちょっとでも変なこと言うとセクハラで訴えられるからな！極力関わるなよ

前科者扱い…

おそろし…

おそろし…

　　セクハラ問題を訴えたことを原因として、性的な風評を流したり仕事を取り上げたり孤立させたりするのはパワハラとセクハラの混合型になります。

各種ハラスメントの一元的な相談体制の整備
（セクハラ防止指針6（1））
：職場におけるパワーハラスメント、セクシャルハラスメント及び妊娠・出産・育児休業等に関するハラスメントはそれぞれまたはその他のハラスメントと複合的に生じることも想定されることから、あらゆるハラスメントの相談について一元的に応じることのできる体制を整備すること

　職場におけるハラスメントは独立したものだけでなく、様々なハラスメントが複雑に絡み合って起きることが多いものです。そのため職場の相談窓口ではあらゆる種類のハラスメントの相談を受け付けられるような体制を整備することが望まれています。
　また、あらゆるハラスメントの相談について一元的に応じることを全ての労働者に周知させることも事業主の対応として求められています。

セクハラはいけないと思うけど、職場に露出度の高い服を
着てくる人が一番悪いんじゃない？

||||||||||||||||||||||||||||||||||||||||||||||||

　露出度の高い服を着ているからといって「性
的な対象として扱われても仕方がない」という
ことにはなりません。

||||||||||||||||||||||||||||||||||||||||||||||||

セクハラの二次被害
：セクハラの相談をした際に相談した相手や周囲の人達から加害
**　者ではなく被害者に問題があったと責められたり、被害を軽視**
**　され不利益を被ること**

　勇気を出して相談してくれた被害者の SOS を「お前も悪い」「それ位当た
り前」と潰してしまうことは、被害者を激しく傷つけてしまうだけでなく、
被害を相談しても良いことはないという社内風土を作りあげてしまったり、
新たなセクハラが繰り返されるといったことに繋がります。
　職場にふさわしくない服装であるならば、各個人にビジネスパーソンとし
ての意識を持ってもらうよう職務規範の観点から注意喚起していきましょ
う。

管理職候補に挙がった30歳の男女。
女性の方が能力あるんだけど妊娠して休まれそうだし、ここは男性の方を選ぶのが安全だよね。

管理職候補 ①

管理職候補 ②

新婚さんだからもう
少ししたら休んじゃう
だろうなあ...

||||||||||||||||||||||||||||||||||||||||||||||||||||||||

　　性別役割分担意識に基づく言動がそれだけで全部セクハラに該当するわけではありませんが、セクハラの発生原因や背景となりえるため、そのような言動を見直していく必要性があります。

||||||||||||||||||||||||||||||||||||||||||||||||||||||||

性別役割分担意識
：個人の能力等によってではなく、性別によって役割を固定的に
　分けること

　「男性は仕事、女性は家庭」「主要な業務は男性・女性は補助的業務」といった固定的な性別役割分担意識は時代と共に変わりつつありますが、今も依然として根強く残っています。この意識のため個人の能力ではないところで仕事内容や配置、昇進が決められ、それにより職階格差をもたらす原因となっています。

　性別役割分担意識について見直すメリットは「女性のため」と見られるイメージがありますが、男性の家庭生活・地域活動への参画を阻んでいる大きな原因ともなっていますので、男性にも大きなメリットがあります。

　男女が共に仕事と家庭を両立していくためには、固定的な見方を見直して、皆が十分な能力発揮をできる職場環境を作っていくことが大切です。

職員全員参加の打ち上げで、気の利かない女性部下に親の様な気持ちで色々注意したら「セクハラです」だって！耳が痛い言葉だったかもしれないけど…世間の常識教えてあげてるんだよ！？

女なんだから上司の
グラスが空なの
すぐ気づかなきゃ！

女は早く結婚して子供
産まないとダメだよ！
お前の賞味期限もう
切れるじゃん

職場（職務との関連性があったり強制参加であった場合、勤務時間外の宴会も実質上職務の延長と考えられます）で、自分が持つ性別役割分担意識による考えを相手に押しつけるような言動には注意が必要です。

性別役割分担意識
：個人の能力等によってではなく、性別によって役割を固定的に分けること

　発言者が世間話のつもりで言ったとしても、職場という公の場でパワーのある者から発せられた言葉は労働者に大きな影響力を与えます。

　「女なんだから早く結婚しろ」という発言は、父親として発される分には（娘からは疎まれると思いますが）ただちにハラスメントとなるわけではありません。ですが職場の上司という立場から公の場で発されたのであれば、「典型的な女の務めを果たすことが、男のように仕事するよりも大切だ」というメッセージ、つまり部下の職業人としての力や立場を軽んじていると捉えられても仕方がありません。

お茶汲みを笑顔で率先してやってくれる○○さんは女子力
が高い！
他の女子も真似するように、皆の前で繰り返し褒めて評価
していこう。

○○さんは気配り上手で女子力
高いね！良い奥さんになるよ
皆も見習ってね！

あーがとうございますー♡

||||||||||||||||||||||||||||||||||||||||||||

「女子力」という発言は、性別役割分担意識に
基づいた発言であることを自覚しましょう。

||||||||||||||||||||||||||||||||||||||||||||

女子力
：「女子力」とは2009年（平成22年）に新語・流行語大賞にノ
　ミネートされた言葉で、定義は曖昧ですが一般的には、「男性
　から魅力的だと捉えられる女性らしい見た目の可愛さや態度、
　身だしなみ」といった意味で使われることが多い言葉です

　「女子力が高い！」は誉め言葉として使われることが多いですが、「ステレ
オタイプな女性らしさ」を前提としているためこの言葉を不快と思う人もい
ます。
　仕事をしていく中で共感力や気配り、結束力といった能力が必要になるの
は女性だけではありません。「生活力」「社交力」などと言ってみてはどうで
しょうか。

上層部が「女性の管理職を増やす」って言ってるけど…
女って良いよね。能力無くても女ってだけで昇進できるん
だから。でもこれって性差別なんじゃないの？

出世

俺の方が能力あるのに！
女ってだけで！！

この仕事女に分かるはずがないよ

大卒の女って可愛げ無いよね

　均等法では労働者に対し性別を理由として差別的取り扱いをすることを原則禁止していますが、第8条において、過去の女性労働者に対する取り扱いが原因で生じている男女労働者間の事実上の格差を解消する目的で行う「女性を有利に取り扱う取組」については法に違反しないとしてます。

ポジティブアクション
：固定的な性別による役割分担意識や過去の経緯から男女労働者の間に事実上生じている差がある時、それを解消しようと企業が行う自主的かつ積極的な取組のこと

　男性優位の企業風土を見直し、能力や成果に基づく公正な評価を徹底することは、女性社員の労働意欲と能力発揮を促すきっかけとなります。また女性の活躍が周囲の男性にも良い刺激を与え、結果的に生産性の向上や競争力の強化をもたらします。
　昨今の厳しい経営環境の中で人材の有効活用という観点から、能力と意欲のある女性に積極的な活躍の機会を作り出すことは企業にとって重要な戦略の1つになります。

セクハラ！と言われないために

　セクハラ防止のためには企業として予防に向けた対策に取り組むだけでなく、働く人1人ひとりがハラスメントに対して意識的に取り組むことも重要です。皆が当事者意識を持って取り組んでいきましょう。

非言語的コミュニケーションを大事にする

表情や口調、しぐさなどから気乗りしていない様子が見てとれたなら、それ以上無理強いしない・繰り返さないのが基本です。

こころと身体のパーソナルスペースを尊重する

相手の気持ちを考えずに、安易に性的言動をすることは、トラブルの原因となります。

対等なパートナーとして見る

職場の仲間を仕事上の対等なパートナーとして認めず性的な対象として扱うことは、セクハラに繋がりかねません。

意識のアップデートをこころがける

「昔からよくあること」「ウチの会社では普通のこと」「この程度のことは大丈夫」という自己本位な考え方は捨て、時代に合わせた考え方をアップデートしていきましょう。

参考資料

パワハラ防止指針＆改正セクハラ防止指針

●事業主が職場における優越的な関係を背景とした言動に起因する問題に関して雇用管理上講ずべき措置等についての指針

（令和2年厚生労働省告示第5号）
（令和2年6月1日適用時点）

1 はじめに

　この指針は、労働施策の総合的な推進並びに労働者の雇用の安定及び職業生活の充実等に関する法律（昭和41年法律第132号。以下「法」という。）第30条の2第1項及び第2項に規定する事業主が職場において行われる優越的な関係を背景とした言動であって、業務上必要かつ相当な範囲を超えたものにより、その雇用する労働者の就業環境が害されること（以下「職場におけるパワーハラスメント」という。）のないよう雇用管理上講ずべき措置等について、同条第3項の規定に基づき事業主が適切かつ有効な実施を図るために必要な事項について定めたものである。

2 職場におけるパワーハラスメントの内容

(1)職場におけるパワーハラスメントは、職場において行われる①優越的な関係を背景とした言動であって、②業務上必要かつ相当な範囲を超えたものにより、③労働者の就業環境が害されるものであり、①から③までの要素を全て満たすものをいう。

　なお、客観的にみて、業務上必要かつ相当な範囲で行われる適正な業務指示や指導については、職場におけるパワーハラスメントには該当しない。

(2)「職場」とは、事業主が雇用する労働者が業務を遂行する場所を指し、当該労働者が通常就業している場所以外の場所であっても、当該労働者が業務を遂行する場所については、「職場」に含まれる。

(3)「労働者」とは、いわゆる正規雇用労働者のみならず、パートタイム労働者、契約社員等いわゆる非正規雇用労働者を含む事業主が雇用する労働者の全てをいう。

　また、派遣労働者については、派遣元事業主のみならず、労働者派遣の役務の提供を受ける者についても、労働者派遣事業の適正な運営の確保及び派遣労働者の保護等に関する法律（昭和60年法律第88号）第47条の4の規定により、その指揮命令の下に労働させる派遣労働者を雇用する事業主とみなされ、法第30条の2第1項及び第30条の3第2項の規定が適用されることから、労働者派遣の役務の提供を受ける者は、派遣労働者についてもその雇用する労働者と同様に、3(1)の配慮及び4の措置を講ずることが必要である。なお、法第30条の2第2項、第30条の5第2項及び第30条の6第2項の労働者に対する不利益な取扱いの禁止については、派遣労働者も対象に含まれるものであり、派遣元事業主のみならず、労働者派遣の役務の提供を受ける者もまた、当該者に派遣労働者が職場におけるパワーハラスメントの相談を行ったこと等を理由として、当該派遣労働者に係る労働者派遣の役務の提供を拒む等、当該派遣労働者に対する不利益な取扱いを行ってはならない。

(4)「優越的な関係を背景とした」言動とは、当該事業主の業務を遂行するに当たって、当該言動を受ける労働者が当該言動の行為者とされる者（以下「行為者」という。）に対して抵抗又は拒絶することができない蓋然性が高い関係を背景として行われるものを指し、例えば、以下のもの等が含まれる。

・職務上の地位が上位の者による言動・同僚又は部下による言動で、当該言動を行う者が業務上必要な知識や豊富な経験を有しており、当該者の協力を得なければ業務の円滑な遂行を行うことが困難であるもの
・同僚又は部下からの集団による行為で、これに抵抗又は拒絶することが困難であるもの

(5)「業務上必要かつ相当な範囲を超えた」言動とは、社会通念に照らし、当該言動が明らかに当該事業主の業務上必要性がない、又はその態様が相当でないものを指し、例えば、以下のもの等が含まれる。

・業務上明らかに必要性のない言動
・業務の目的を大きく逸脱した言動
・業務を遂行するための手段として不適当な言動
・当該行為の回数、行為者の数等、その態様や手段が社会通念に照らして許容される範囲を超える言動

　この判断に当たっては、様々な要素（当該言動の目的、当該言動を受けた労働者の問題行動の有無や内容・程度を含む当該言動が行われた経緯や状況、業種・業態、業務の内容・性質、当該言動の態様・頻度・継続性、労働者の属性や心身の状況、行為者との関係性等）を総合的に考慮することが適当である。その際には、個別の事案における労働者の行動が問題となる場合は、その内容・程度とそれに対する指導の態様等の相対的な関係性が重要な要素となることについても留意が必要である。

(6)「労働者の就業環境が害される」とは、当該言動により労働者が身体的又は精神的に苦痛を与えられ、労働者の就業環境が不快なものとなったため、能力の発揮に重大な悪影響が生じる等当該労働者が就業する上で看過できない程度の支障が生じることを指す。

　この判断に当たっては、「平均的な労働者の感じ方」、すなわち、同様の状況で当該言動を受けた場合に、社会一般の労働者が、就業する上で看過できない程度の支障が生じたと感じるような言動であるかどうかを基準とすることが適当である。

(7)職場におけるパワーハラスメントは、(1)の①から③までの要素を全て満たすものをいい（客観的にみて、業務上必要かつ相当な範囲で行われる適正な業務指示や指導については、職場におけるパワーハラスメントには該当しない。）、個別の事案についてその該当性を判断する際には、(5)で総合的に考慮することとした事項のほか、当該言動により労働者が受ける身体的又は精神的な苦痛の程度等を総合的に考慮して判断することが必要である。

　このため、個別の事案の判断に際しては、相談窓口の担当者等がこうした事項に十分留意し、相談を行った労働者（以下「相談者」という。）の心身の状況や当該言動が行われた際の受け止めなどその認識にも配慮しながら、相談者及び行為者の双方から丁寧に事実確認等を行うことも重要である。

　これらのことを十分踏まえて、予防から再発防止に至る一連の措置を適切に講じることが必要である。

　職場におけるパワーハラスメントの状況は多様であるが、代表的な言動の類型としては、以下のイからヘまでのものがあり、当該言動の類型ごとに、典型的に職場におけるパワーハラスメントに該当し、又は該当しないと考え

られる例としては、次のようなものがある。
　　ただし、個別の事案の状況等によって判断が異なる場合もあり得ること、また、次の例は限定列挙ではないこと
に十分留意し、4(2)ロにあるとおり広く相談に対応するなど、適切な対応を行うようにすることが必要である。
　　なお、職場におけるパワーハラスメントに該当すると考えられる以下の例については、行為者と当該言動を受け
る労働者の関係性を個別に記載していないが、(4)にあるとおり、優越的な関係を背景として行われたものであるこ
とが前提である。
イ　身体的な攻撃（暴行・傷害）
(イ)該当すると考えられる例
　　①殴打、足蹴りを行うこと。
　　②相手に物を投げつけること。
(ロ)該当しないと考えられる例
　　①誤ってぶつかること。
ロ　精神的な攻撃（脅迫・名誉棄損・侮辱・ひどい暴言）
(イ)該当すると考えられる例
　　①人格を否定するような言動を行うこと。相手の性的指向・性自認に関する侮辱的な言動を行うことを含む。
　　②業務の遂行に関する必要以上に長時間にわたる厳しい叱責を繰り返し行うこと。
　　③他の労働者の面前における大声での威圧的な叱責を繰り返し行うこと。
　　④相手の能力を否定し、罵倒するような内容の電子メール等を当該相手を含む複数の労働者宛てに送信すること。
(ロ)該当しないと考えられる例
　　①遅刻など社会的ルールを欠いた言動が見られ、再三注意してもそれが改善されない労働者に対して一定程度強
　　　く注意をすること。
　　②その企業の業務の内容や性質等に照らして重大な問題行動を行った労働者に対して、一定程度強く注意をする
　　　こと。
ハ　人間関係からの切り離し（隔離・仲間外し・無視）
(イ)該当すると考えられる例
　　①自身の意に沿わない労働者に対して、仕事を外し、長期間にわたり、別室に隔離したり、自宅研修させたりす
　　　ること。
　　②一人の労働者に対して同僚が集団で無視をし、職場で孤立させること。
(ロ)該当しないと考えられる例
　　①新規に採用した労働者を育成するために短期間集中的に別室で研修等の教育を実施すること。
　　②懲戒規定に基づき処分を受けた労働者に対し、通常の業務に復帰させるために、その前に、一時的に別室で必
　　　要な研修を受けさせること。
ニ　過大な要求（業務上明らかに不要なことや遂行不可能なことの強制・仕事の妨害）
(イ)該当すると考えられる例
　　①長期間にわたる、肉体的苦痛を伴う過酷な環境下での勤務に直接関係のない作業を命ずること。
　　②新卒採用者に対し、必要な教育を行わないまま到底対応できないレベルの業績目標を課し、達成できなかった
　　　ことに対し厳しく叱責すること。
　　③労働者に業務とは関係のない私的な雑用の処理を強制的に行わせること。
(ロ)該当しないと考えられる例
　　①労働者を育成するために現状よりも少し高いレベルの業務を任せること。
　　②業務の繁忙期に、業務上の必要性から、当該業務の担当者に通常時よりも一定程度多い業務の処理を任せるこ
　　　と。
ホ　過小な要求（業務上の合理性なく能力や経験とかけ離れた程度の低い仕事を命じることや仕事を与えないこと）
(イ)該当すると考えられる例
　　①管理職である労働者を退職させるため、誰でも遂行可能な業務を行わせること。
　　②気にいらない労働者に対して嫌がらせのために仕事を与えないこと。
(ロ)該当しないと考えられる例
　　①労働者の能力に応じて、一定程度業務内容や業務量を軽減すること。
ヘ　個の侵害（私的なことに過度に立ち入ること）
(イ)該当すると考えられる例
　　①労働者を職場外でも継続的に監視したり、私物の写真撮影をしたりすること。
　　②労働者の性的指向・性自認や病歴、不妊治療等の機微な個人情報について、当該労働者の了解を得ずに他の労
　　　働者に暴露すること。
(ロ)該当しないと考えられる例
　　①労働者への配慮を目的として、労働者の家族の状況等についてヒアリングを行うこと。
　　②労働者の了解を得て、当該労働者の性的指向・性自認や病歴、不妊治療等の機微な個人情報について、必要な
　　　範囲で人事労務部門の担当者に伝達し、配慮を促すこと。
　　　この点、プライバシー保護の観点から、ヘ(イ)②のように機微な個人情報を暴露することのないよう、労働者に
　　　周知・啓発する等の措置を講じることが必要である。

3　事業主等の責務
(1)事業主の責務
　　法第30条の3第2項の規定により、事業主は、職場におけるパワーハラスメントを行ってはならないことその他職
場におけるパワーハラスメントに起因する問題（以下「パワーハラスメント問題」という。）に対するその雇用する労

働者の関心と理解を深めるとともに、当該労働者が他の労働者（他の事業主が雇用する労働者及び求職者を含む。(2)において同じ。）に対する言動に必要な注意を払うよう、研修の実施その他の必要な配慮をするほか、国の講ずる同条第１項の広報活動、啓発活動その他の措置に協力するように努めなければならない。なお、職場におけるパワーハラスメントに起因する問題としては、例えば、労働者の意欲の低下などによる職場環境の悪化や職場全体の生産性の低下、労働者の健康状態の悪化、休職や退職などにつながり得ること、これらに伴う経営的な損失等が考えられる。また、事業主（その者が法人である場合にあっては、その役員）は、自らも、パワーハラスメント問題に対する関心と理解を深め、労働者（他の事業主が雇用する労働者及び求職者を含む。）に対する言動に必要な注意を払うように努めなければならない。

(2)労働者の責務

　法第30条の３第４項の規定により、労働者は、パワーハラスメント問題に対する関心と理解を深め、他の労働者に対する言動に必要な注意を払うとともに、事業主の講ずる4の措置に協力するように努めなければならない。

4　事業主が職場における優越的な関係を背景とした言動に起因する問題に関し雇用管理上講ずべき措置の内容

事業主は、当該事業主が雇用する労働者又は当該事業主（その者が法人である場合にあっては、その役員）が行う職場におけるパワーハラスメントを防止するため、雇用管理上次の措置を講じなければならない。

(1)事業主の方針等の明確化及びその周知・啓発

　事業主は、職場におけるパワーハラスメントに関する方針の明確化、労働者に対するその方針の周知・啓発として、次の措置を講じなければならない。

　なお、周知・啓発をするに当たっては、職場におけるパワーハラスメントの防止の効果を高めるため、その発生の原因や背景について労働者の理解を深めることが重要である。その際、職場におけるパワーハラスメントの発生の原因や背景には、労働者同士のコミュニケーションの希薄化などの職場環境の問題もあると考えられる。そのため、これらを幅広く解消していくことが職場におけるパワーハラスメントの防止の効果を高める上で重要であることに留意することが必要である。

　イ　職場におけるパワーハラスメントの内容及び職場におけるパワーハラスメントを行ってはならない旨の方針を明確化し、管理監督者を含む労働者に周知・啓発すること。
　　（事業主の方針等を明確化し、労働者に周知・啓発していると認められる例）
　　①就業規則その他の職場における服務規律等を定めた文書において、職場におけるパワーハラスメントを行ってはならない旨の方針を規定し、当該規定と併せて、職場におけるパワーハラスメントの内容及びその発生の原因や背景を労働者に周知・啓発すること。
　　②社内報、パンフレット、社内ホームページ等広報又は啓発のための資料等に職場におけるパワーハラスメントの内容及びその発生の原因や背景並びに職場におけるパワーハラスメントを行ってはならない旨の方針を記載し、配布すること。
　　③職場におけるパワーハラスメントの内容及びその発生の原因や背景並びに職場におけるパワーハラスメントを行ってはならない旨の方針を労働者に対して周知・啓発するための研修、講習等を実施すること。
　ロ　職場におけるパワーハラスメントに係る言動を行った者については、厳正に対処する旨の方針及び対処の内容を就業規則その他の職場における服務規律等を定めた文書に規定し、管理監督者を含む労働者に周知・啓発すること。
　　（対処方針を定め、労働者に周知・啓発していると認められる例）
　　①就業規則その他の職場における服務規律等を定めた文書において、職場におけるパワーハラスメントに係る言動を行った者に対する懲戒規定を定め、その内容を労働者に周知・啓発すること。
　　②職場におけるパワーハラスメントに係る言動を行った者は、現行の就業規則その他の職場における服務規律等を定めた文書において定められている懲戒規定の適用の対象となる旨を明確化し、これを労働者に周知・啓発すること。

(2)相談（苦情を含む。以下同じ。）に応じ、適切に対応するために必要な体制の整備

　事業主は、労働者からの相談に対し、その内容や状況に応じ適切かつ柔軟に対応するために必要な体制の整備として、次の措置を講じなければならない。

　イ　相談への対応のための窓口（以下「相談窓口」という。）をあらかじめ定め、労働者に周知すること。
　　（相談窓口をあらかじめ定めていると認められる例）
　　①相談に対応する担当者をあらかじめ定めること。
　　②相談に対応するための制度を設けること。
　　③外部の機関に相談への対応を委託すること。
　ロ　イの相談窓口の担当者が、相談に対し、その内容や状況に応じ適切に対応できるようにすること。また、相談窓口においては、被害を受けた労働者が萎縮するなどして相談を躊躇する例もあること等も踏まえ、相談者の心身の状況や当該言動が行われた際の受け止めなどその認識にも配慮しながら、職場におけるパワーハラスメントが現実に生じている場合だけでなく、その発生のおそれがある場合や、職場におけるパワーハラスメントに該当するか否か微妙な場合であっても、広く相談に対応し、適切な対応を行うようにすること。例えば、放置すれば就業環境を害するおそれがある場合や、労働者同士のコミュニケーションの希薄化などの職場環境の問題が原因や背景となってパワーハラスメントが生じるおそれがある場合等が考えられる。
　　（相談窓口の担当者が適切に対応することができるようにしていると認められる例）
　　①相談窓口の担当者が相談を受けた場合、その内容や状況に応じて、相談窓口の担当者と人事部門とが連携を図ることができる仕組みとすること。
　　②相談窓口の担当者が相談を受けた場合、あらかじめ作成した留意点などを記載したマニュアルに基づき対応すること。

　　　③相談窓口の担当者に対し、相談を受けた場合の対応についての研修を行うこと。
(3)職場におけるパワーハラスメントに係る事後の迅速かつ適切な対応
　　事業主は、職場におけるパワーハラスメントに係る相談の申出があった場合において、その事案に係る事実関係の迅速かつ正確な確認及び適正な対処として、次の措置を講じなければならない。
　　イ　事案に係る事実関係を迅速かつ正確に確認すること。
　　　（事案に係る事実関係を迅速かつ正確に確認していると認められる例）
　　　①相談窓口の担当者、人事部門又は専門の委員会等が、相談者及び行為者の双方から事実関係を確認すること。
　　　　その際、相談者の心身の状況や当該言動が行われた際の受け止めなどその認識にも適切に配慮すること。
　　　　また、相談者と行為者との間で事実関係に関する主張に不一致があり、事実の確認が十分にできないと認められる場合には、第三者からも事実関係を聴取する等の措置を講ずること。
　　　②事実関係を迅速かつ正確に確認しようとしたが、確認が困難な場合などにおいて、法第30条の6に基づく調停の申請を行うことその他中立な第三者機関に紛争処理を委ねること。
　　ロ　職場におけるパワーハラスメントが生じた事実が確認できた場合においては、速やかに被害を受けた労働者（以下「被害者」という。）に対する配慮のための措置を適正に行うこと。
　　　（措置を適正に行っていると認められる例）
　　　①事案の内容や状況に応じ、被害者と行為者の間の関係改善に向けての援助、被害者と行為者を引き離すための配置転換、行為者の謝罪、被害者の労働条件上の不利益の回復、管理監督者又は事業場内産業保健スタッフ等による被害者のメンタルヘルス不調への相談対応等の措置を講ずること。
　　　②法第30条の6に基づく調停その他中立な第三者機関の紛争解決に従った措置を被害者に対して講ずること。
　　ハ　イにより、職場におけるパワーハラスメントが生じた事実が確認できた場合においては、行為者に対する措置を適正に行うこと。
　　　（措置を適正に行っていると認められる例）
　　　①就業規則その他の職場における服務規律等を定めた文書における職場におけるパワーハラスメントに関する規定等に基づき、行為者に対して必要な懲戒その他の措置を講ずること。あわせて、事案の内容や状況に応じ、被害者と行為者の間の関係改善に向けての援助、被害者と行為者を引き離すための配置転換、行為者の謝罪等の措置を講ずること。
　　　②法第30条の6に基づく調停その他中立な第三者機関の紛争解決案に従った措置を行為者に対して講ずること。
　　ニ　改めて職場におけるパワーハラスメントに関する方針を周知・啓発する等の再発防止に向けた措置を講ずること。
　　　なお、職場におけるパワーハラスメントが生じた事実が確認できなかった場合においても、同様の措置を講ずること。
　　　（再発防止に向けた措置を講じていると認められる例）
　　　①職場におけるパワーハラスメントを行ってはならない旨の方針及び職場におけるパワーハラスメントに係る言動を行った者について厳正に対処する旨の方針を、社内報、パンフレット、社内ホームページ等広報又は啓発のための資料等に改めて掲載し、配布等すること。
　　　②労働者に対して職場におけるパワーハラスメントに関する意識を啓発するための研修、講習等を改めて実施すること。
(4)(1)から(3)までの措置と併せて講ずべき措置
　　(1)から(3)までの措置を講ずるに際しては、併せて次の措置を講じなければならない。
　　イ　職場におけるパワーハラスメントに係る相談者・行為者等の情報は当該相談者・行為者等のプライバシーに属するものであることから、相談への対応又は当該パワーハラスメントに係る事後の対応に当たっては、相談者・行為者等のプライバシーを保護するために必要な措置を講ずるとともに、その旨を労働者に対して周知すること。なお、相談者・行為者等のプライバシーには、性的指向・性自認や病歴、不妊治療等の機微な個人情報も含まれるものであること。
　　　（相談者・行為者等のプライバシーを保護するために必要な措置を講じていると認められる例）
　　　①相談者・行為者等のプライバシーの保護のために必要な事項をあらかじめマニュアルに定め、相談窓口の担当者が相談を受けた際には、当該マニュアルに基づき対応するものとすること。
　　　②相談者・行為者等のプライバシーの保護のために、相談窓口の担当者に必要な研修を行うこと。
　　　③相談窓口においては相談者・行為者等のプライバシーを保護するために必要な措置を講じていることを、社内報、パンフレット、社内ホームページ等広報又は啓発のための資料等に掲載し、配布等すること。
　　ロ　法第30条の2第2項、第30条の5第2項及び第30条の6第2項の規定を踏まえ、労働者が職場におけるパワーハラスメントに関し相談をしたこと若しくは事実関係の確認等の事業主の雇用管理上講ずべき措置に協力したこと、都道府県労働局に対して相談、紛争解決の援助の求め若しくは調停の申請を行ったこと又は調停の出頭の求めに応じたこと（以下「パワーハラスメントの相談等」という。）を理由として、解雇その他不利益な取扱いをされない旨を定め、労働者に周知・啓発すること。
　　　（不利益な取扱いをされない旨を定め、労働者にその周知・啓発することについて措置を講じていると認められる例）
　　　①就業規則その他の職場における服務規律等を定めた文書において、パワーハラスメントの相談等を理由として、労働者が解雇等の不利益な取扱いをされない旨を規定し、労働者に周知・啓発をすること。
　　　②社内報、パンフレット、社内ホームページ等広報又は啓発のための資料等に、パワーハラスメントの相談等を理由として、労働者が解雇等の不利益な取扱いをされない旨を記載し、労働者に配布等すること。

5　事業主が職場における優越的な関係を背景とした言動に起因する問題に関し行うことが望ましい取組の内容

　事業主は、当該事業主が雇用する労働者又は当該事業主（その者が法人である場合にあっては、その役員）が行う職場におけるパワーハラスメントを防止するため、4の措置に加え、次の取組を行うことが望ましい。

(1)職場におけるパワーハラスメントは、セクシュアルハラスメント（事業主が職場における性的な言動に起因する問題に関して雇用管理上講ずべき措置等についての指針（平成18年厚生労働省告示第615号）に規定する「職場におけるセクシュアルハラスメント」をいう。以下同じ。）、妊娠、出産等に関するハラスメント（事業主が職場における妊娠、出産等に関する言動に起因する問題に関して雇用管理上講ずべき措置等についての指針（平成28年厚生労働省告示第312号）に規定する「職場における妊娠、出産等に関するハラスメント」をいう。）、育児休業等に関するハラスメント（子の養育又は家族の介護を行い、又は行うこととなる労働者の職業生活と家庭生活との両立が図られるようにするために事業主が講ずべき措置等に関する指針（平成21年厚生労働省告示第509号）に規定する「職場における育児休業等に関するハラスメント」をいう。）その他のハラスメントと複合的に生じることも想定されることから、事業主は、例えば、セクシュアルハラスメント等の相談窓口と一体的に、職場におけるパワーハラスメントの相談窓口を設置し、一元的に相談に応じることのできる体制を整備することが望ましい。

（一元的に相談に応じることのできる体制の例）

①相談窓口で受け付けることのできる相談として、職場におけるパワーハラスメントのみならず、セクシュアルハラスメント等も明示すること。

②職場におけるパワーハラスメントの相談窓口がセクシュアルハラスメント等の相談窓口を兼ねること。

(2)事業主は、職場におけるパワーハラスメントの原因や背景となる要因を解消するため、次の取組を行うことが望ましい。

　なお、取組を行うに当たっては、労働者個人のコミュニケーション能力の向上を図ることは、職場におけるパワーハラスメントの行為者・被害者の双方になることを防止する上で重要であることや、業務上必要かつ相当な範囲で行われる適正な業務指示や指導については、職場におけるパワーハラスメントには該当せず、労働者が、こうした適正な業務指示や指導を踏まえて真摯に業務を遂行する意識を持つことも重要であることに留意することが必要である。

イ　コミュニケーションの活性化や円滑化のために研修等の必要な取組を行うこと。

（コミュニケーションの活性化や円滑化のために必要な取組例）

①日常的なコミュニケーションを取るよう努めることや定期的に面談やミーティングを行うことにより、風通しの良い職場環境や互いに助け合える労働者同士の信頼関係を築き、コミュニケーションの活性化を図ること。

②感情をコントロールする手法についての研修、コミュニケーションスキルアップについての研修、マネジメントや指導についての研修等の実施や資料の配布等により、労働者が感情をコントロールする能力やコミュニケーションを円滑に進める能力の向上を図ること。

ロ　適正な業務目標の設定等の職場環境の改善のための取組を行うこと。

（職場環境の改善のための取組例）

①適正な業務目標の設定や適正な業務体制の整備、業務の効率化による過剰な長時間労働の是正等を通じて、労働者に過度に肉体的・精神的負荷を強いる職場環境や組織風土を改善すること。

(3)事業主は、4の措置を講じる際に、必要に応じて、労働者や労働組合等の参画を得つつ、アンケート調査や意見交換等を実施するなどにより、その運用状況の的確な把握や必要な見直しの検討等に努めることが重要である。なお、労働者や労働組合等の参画を得る方法として、例えば、労働安全衛生法（昭和47年法律第57号）第18条第1項に規定する衛生委員会の活用なども考えられる。

6　事業主が自らの雇用する労働者以外の者に対する言動に関し行うことが望ましい取組の内容

　3の事業主及び労働者の責務の趣旨に鑑みれば、事業主は、当該事業主が雇用する労働者が、他の労働者（他の事業主が雇用する労働者及び求職者を含む。）のみならず、個人事業主、インターンシップを行っている者等の労働者以外の者に対する言動についても必要な注意を払うよう配慮するとともに、事業主（その者が法人である場合にあっては、その役員）自らも労働者以外の者に対する言動について必要な注意を払うよう努めることが望ましい。

　こうした責務の趣旨も踏まえ、事業主は、4(1)イの職場におけるパワーハラスメントを行ってはならない旨の方針の明確化等を行う際に、当該事業主が雇用する労働者以外の者（他の事業主が雇用する労働者、就職活動中の学生等の求職者及び労働者以外の者）に対する言動についても、同様の方針を併せて示すことが望ましい。

　また、これらの者から職場におけるパワーハラスメントに類すると考えられる相談があった場合には、その内容を踏まえて、4の措置も参考にしつつ、必要に応じて適切な対応を行うように努めることが望ましい。

7　事業主が他の事業主の雇用する労働者等からのパワーハラスメントや顧客等からの著しい迷惑行為に関し行うことが望ましい取組の内容

　事業主は、取引先等の他の事業主が雇用する労働者又は他の事業主（その者が法人である場合にあっては、その役員）からのパワーハラスメントや顧客等からの著しい迷惑行為（暴行、脅迫、ひどい暴言、著しく不当な要求等）により、その雇用する労働者が就業環境を害されることのないよう、雇用管理上の配慮として、例えば、(1)及び(2)の取組を行うことが望ましい。また、(3)のような取組を行うことも、その雇用する労働者が被害を受けることを防止する上で有効と考えられる。

(1)相談に応じ、適切に対応するために必要な体制の整備

　事業主は、他の事業主が雇用する労働者等からのパワーハラスメントや顧客等からの著しい迷惑行為に関する労働者からの相談に対し、その内容や状況に応じ適切かつ柔軟に対応するために必要な体制の整備として、4(2)イ及びロの例も参考にしつつ、次の取組を行うことが望ましい。

　また、併せて、労働者が当該相談をしたことを理由として、解雇その他不利益な取扱いを行ってはならない旨を定

め、労働者に周知・啓発することが望ましい。
　イ　相談先（上司、職場内の担当者等）をあらかじめ定め、これを労働者に周知すること。
　ロ　イの相談を受けた者が、相談に対し、その内容や状況に応じ適切に対応できるようにすること。
(2)被害者への配慮のための取組
　事業主は、相談者から事実関係を確認し、他の事業主が雇用する労働者等からのパワーハラスメントや顧客等からの著しい迷惑行為が認められた場合には、速やかに被害者に対する配慮のための取組を行うことが望ましい。
　（被害者への配慮のための取組例）
　事案の内容や状況に応じ、被害者のメンタルヘルス不調への相談対応、著しい迷惑行為を行った者に対する対応が必要な場合に一人で対応させない等の取組を行うこと。
(3)他の事業主が雇用する労働者等からのパワーハラスメントや顧客等からの著しい迷惑行為による被害を防止するための取組
　(1)及び(2)の取組のほか、他の事業主が雇用する労働者等からのパワーハラスメントや顧客等からの著しい迷惑行為からその雇用する労働者が被害を受けることを防止する上では、事業主が、こうした行為への対応に関するマニュアルの作成や研修の実施等の取組を行うことも有効と考えられる。
　また、業種・業態等によりその被害の実態や必要な対応も異なると考えられることから、業種・業態等における被害の実態や業務の特性等を踏まえて、それぞれの状況に応じた必要な取組を進めることも、被害の防止に当たっては効果的と考えられる。

●事業主が職場における性的な言動に起因する問題に関して雇用管理上講ずべき措置等についての指針

（平成18年厚生労働省告示第615号）
（最終改正：令和2年厚生労働省告示第6号）
（令和2年6月1日適用時点）

1　はじめに
　この指針は、雇用の分野における男女の均等な機会及び待遇の確保等に関する法律（昭和47年法律第113号。以下「法」という。）第11条第1項から第3項までに規定する事業主が職場において行われる性的な言動に対するその雇用する労働者の対応により当該労働者がその労働条件につき不利益を受け、又は当該性的な言動により当該労働者の就業環境が害されること（以下「職場におけるセクシュアルハラスメント」という。）のないよう雇用管理上講ずべき措置等について、同条第4項の規定に基づき事業主が適切かつ有効な実施を図るために必要な事項について定めたものである。

2　職場におけるセクシュアルハラスメントの内容
(1)職場におけるセクシュアルハラスメントには、職場において行われる性的な言動に対する労働者の対応により当該労働者がその労働条件につき不利益を受けるもの（以下「対価型セクシュアルハラスメント」という。）と、当該性的な言動により労働者の就業環境が害されるもの（以下「環境型セクシュアルハラスメント」という。）がある。
　なお、職場におけるセクシュアルハラスメントには、同性に対するものも含まれるものである。また、被害を受けた者（以下「被害者」という。）の性的指向又は性自認にかかわらず、当該者に対する職場におけるセクシュアルハラスメントも、本指針の対象となるものである。
(2)「職場」とは、事業主が雇用する労働者が業務を遂行する場所を指し、当該労働者が通常就業している場所以外の場所であっても、当該労働者が業務を遂行する場所については、「職場」に含まれる。取引先の事務所、取引先と打合せをするための飲食店、顧客の自宅等であっても、当該労働者が業務を遂行する場所であればこれに該当する。
(3)「労働者」とは、いわゆる正規雇用労働者のみならず、パートタイム労働者、契約社員等いわゆる非正規雇用労働者を含む事業主が雇用する労働者の全てをいう。
　また、派遣労働者については、派遣元事業主のみならず、労働者派遣の役務の提供を受ける者についても、労働者派遣事業の適正な運営の確保及び派遣労働者の保護等に関する法律（昭和60年法律第88号）第47条の2の規定により、その指揮命令の下に労働させる派遣労働者を雇用する事業主とみなされ、法第11条第1項及び第11条の2第2項の規定が適用されることから、労働者派遣の役務の提供を受ける者は、派遣労働者についてもその雇用する労働者と同様に、3(1)の配慮及び4の措置を講ずることが必要である。なお、法第11条第2項、第17条第2項及び第18条第2項の労働者に対する不利益な取扱いの禁止については、派遣労働者も対象に含まれるものであり、労働者派遣の役務の提供を受ける者もまた、当該派遣労働者が職場におけるセクシュアルハラスメントの相談を行ったこと等を理由として、当該派遣労働者に係る労働者派遣の役務の提供を拒む等、当該派遣労働者に対する不利益な取扱いを行ってはならない。
(4)「性的な言動」とは、性的な内容の発言及び性的な行動を指し、この「性的な内容の発言」には、性的な事実関係を尋ねること、性的な内容の情報を意図的に流布すること等が、「性的な行動」には、性的な関係を強要すること、必要なく身体に触ること、わいせつな図画を配布すること等が、それぞれ含まれる。当該言動を行う者には、労働者を雇用する事業主（その者が法人である場合にあってはその役員。以下この(4)において同じ。）、上司、同僚に限らず、取引先等の他の事業主又はその雇用する労働者、顧客、患者又はその家族、学校における生徒等もなり得る。
(5)「対価型セクシュアルハラスメント」とは、職場において行われる労働者の意に反する性的な言動に対する労働者の対応により、当該労働者が解雇、降格、減給等の不利益を受けることであって、その状況は多様であるが、典型的な例として、次のようなものがある。
　イ　事務所内において事業主が労働者に対して性的な関係を要求したが、拒否されたため、当該労働者を解雇する

こと。
　　ロ　出張中の車中において上司が労働者の腰、胸等に触ったが、抵抗されたため、当該労働者について不利益な配
　　　置転換をすること。
　　ハ　営業所内において事業主が日頃から労働者に係る性的な事柄について公然と発言していたが、抗議されたため、
　　　当該労働者を降格すること。
(6)「環境型セクシュアルハラスメント」とは、職場において行われる労働者の意に反する性的な言動により労働者の
　就業環境が不快なものとなったため、能力の発揮に重大な悪影響が生じる等当該労働者が就業する上で看過できな
　い程度の支障が生じることであって、その状況は多様であるが、典型的な例として、次のようなものがある。
　　イ　事務所内において上司が労働者の腰、胸等に度々触ったため、当該労働者が苦痛に感じてその就業意欲が低下
　　　していること。
　　ロ　同僚が取引先において労働者に係る性的な内容の情報を意図的かつ継続的に流布したため、当該労働者が苦痛
　　　に感じて仕事が手につかないこと。
　　ハ　労働者が抗議をしているにもかかわらず、事務所内にヌードポスターを掲示しているため、当該労働者が苦痛
　　　に感じて業務に専念できないこと。

3　事業主等の責務

(1)事業主の責務
　　法第11条の2第2項の規定により、事業主は、職場におけるセクシュアルハラスメントを行ってはならないこと
　その他職場におけるセクシュアルハラスメントに起因する問題（以下「セクシュアルハラスメント問題」という。）に
　対するその雇用する労働者の関心と理解を深めるとともに、当該労働者が他の労働者（他の事業主が雇用する労働者
　及び求職者を含む。(2)において同じ。）に対する言動に必要な注意を払うよう、研修の実施その他の必要な配慮をする
　ほか、国の講ずる同条第1項の広報活動、啓発活動その他の措置に協力するように努めなければならない。なお、職
　場におけるセクシュアルハラスメントに起因する問題としては、例えば、労働者の意欲の低下などによる職場環境の
　悪化や職場全体の生産性の低下、労働者の健康状態の悪化、休職や退職などにつながり得ること、これらに伴う経営
　的な損失等が考えられる。
　　また、事業主（その者が法人である場合にあっては、その役員）は、自らも、セクシュアルハラスメント問題に対
　する関心と理解を深め、労働者（他の事業主が雇用する労働者及び求職者を含む。）に対する言動に必要な注意を払う
　ように努めなければならない。

(2)労働者の責務
　　法第11条の2第4項の規定により、労働者は、セクシュアルハラスメント問題に対する関心と理解を深め、他の
　労働者に対する言動に必要な注意を払うとともに、事業主の講ずる4の措置に協力するように努めなければならない。

4　事業主が職場における性的な言動に起因する問題に関し雇用管理上講ずべき措置の内容

　事業主は、職場におけるセクシュアルハラスメントを防止するため、雇用管理上次の措置を講じなければならない。

(1)事業主の方針等の明確化及びその周知・啓発
　　事業主は、職場におけるセクシュアルハラスメントに関する方針の明確化、労働者に対するその方針の周知・啓発
　として、次の措置を講じなければならない。
　　なお、周知・啓発をするに当たっては、職場におけるセクシュアルハラスメントの防止の効果を高めるため、その
　発生の原因や背景について労働者の理解を深めることが重要である。その際、職場におけるセクシュアルハラスメン
　トの発生の原因や背景には、性別役割分担意識に基づく言動もあると考えられ、こうした言動をなくしていくことが
　セクシュアルハラスメントの防止の効果を高める上で重要であることに留意することが必要である。
　　イ　職場におけるセクシュアルハラスメントの内容及び職場におけるセクシュアルハラスメントを行ってはならな
　　　い旨の方針を明確化し、管理監督者を含む労働者に周知・啓発すること。
　　　（事業主の方針を明確化し、労働者に周知・啓発していると認められる例）
　　　①就業規則その他の職場における服務規律等を定めた文書において、職場におけるセクシュアルハラスメントを
　　　　行ってはならない旨の方針を規定し、当該規定と併せて、職場におけるセクシュアルハラスメントの内容及び
　　　　性別役割分担意識に基づく言動がセクシュアルハラスメントの発生の原因や背景となり得ることを、労働者に
　　　　周知・啓発すること。
　　　②社内報、パンフレット、社内ホームページ等広報又は啓発のための資料等に職場におけるセクシュアルハラス
　　　　メントの内容及び性別役割分担意識に基づく言動がセクシュアルハラスメントの発生の原因や背景となり得る
　　　　こと並びに職場におけるセクシュアルハラスメントを行ってはならない旨の方針を記載し、配布等すること。
　　　③職場におけるセクシュアルハラスメントの内容及び性別役割分担意識に基づく言動がセクシュアルハラスメン
　　　　トの発生の原因や背景となり得ること並びに職場におけるセクシュアルハラスメントを行ってはならない旨の
　　　　方針を労働者に対して周知・啓発するための研修、講習等を実施すること。
　　ロ　職場におけるセクシュアルハラスメントに係る性的な言動を行った者については、厳正に対処する旨の方針及
　　　び対処の内容を就業規則その他の職場における服務規律等を定めた文書に規定し、管理監督者を含む労働者に周
　　　知・啓発すること。
　　　（対処方針を定め、労働者に周知・啓発していると認められる例）
　　　①就業規則その他の職場における服務規律等を定めた文書において、職場におけるセクシュアルハラスメントに
　　　　係る性的な言動を行った者に対する懲戒規定を定め、その内容を労働者に周知・啓発すること。
　　　②職場におけるセクシュアルハラスメントに係る性的な言動を行った者は、現行の就業規則その他の職場におけ
　　　　る服務規律等を定めた文書において定められている懲戒規定の適用の対象となる旨を明確化し、これを労働者
　　　　に周知・啓発すること。

(2)相談（苦情を含む。以下同じ。）に応じ、適切に対応するために必要な体制の整備
　事業主は、労働者からの相談に対し、その内容や状況に応じ適切かつ柔軟に対応するために必要な体制の整備として、次の措置を講じなければならない。
　　イ　相談への対応のための窓口（以下「相談窓口」という。）をあらかじめ定め、労働者に周知すること。
　　（相談窓口をあらかじめ定めていると認められる例）
　　　①相談に対応する担当者をあらかじめ定めること。
　　　②相談に対応するための制度を設けること。
　　　③外部の機関に相談への対応を委託すること。
　　ロ　イの相談窓口の担当者が、相談に対し、その内容や状況に応じ適切に対応できるようにすること。また、相談窓口においては、被害を受けた労働者が萎縮するなどして相談を躊躇する例もあること等も踏まえ、相談者の心身の状況や当該言動が行われた際の受け止めなどその認識にも配慮しながら、職場におけるセクシュアルハラスメントが現実に生じている場合だけでなく、その発生のおそれがある場合や、職場におけるセクシュアルハラスメントに該当するか否か微妙な場合であっても、広く相談に対応し、適切な対応を行うようにすること。例えば、放置すれば就業環境を害するおそれがある場合や、性別役割分担意識に基づく言動が原因や背景となってセクシュアルハラスメントが生じるおそれがある場合等が考えられる。
　　（相談窓口の担当者が適切に対応することができるようにしていると認められる例）
　　　①相談窓口の担当者が相談を受けた場合、その内容や状況に応じて、相談窓口の担当者と人事部門とが連携を図ることができる仕組みとすること。
　　　②相談窓口の担当者が相談を受けた場合、あらかじめ作成した留意点などを記載したマニュアルに基づき対応すること。
　　　③相談窓口の担当者に対し、相談を受けた場合の対応についての研修を行うこと。
(3)職場におけるセクシュアルハラスメントに係る事後の迅速かつ適切な対応
　事業主は、職場におけるセクシュアルハラスメントに係る相談の申出があった場合において、その事案に係る事実関係の迅速かつ正確な確認及び適正な対処として、次の措置を講じなければならない。
　　イ　事案に係る事実関係を迅速かつ正確に確認すること。なお、職場におけるセクシュアルハラスメントに係る性的な言動の行為者とされる者（以下「行為者」という。）が、他の事業主が雇用する労働者又は他の事業主（その者が法人である場合にあっては、その役員）である場合には、必要に応じて、他の事業主に事実関係の確認への協力を求めることも含まれる。
　　（事案に係る事実関係を迅速かつ正確に確認していると認められる例）
　　　①相談窓口の担当者、人事部門又は専門の委員会等が、相談を行った労働者（以下「相談者」という。）及び行為者の双方から事実関係を確認すること。その際、相談者の心身の状況や当該言動が行われた際の受け止めなどその認識にも適切に配慮すること。
　　　　また、相談者と行為者との間で事実関係に関する主張に不一致があり、事実の確認が十分にできないと認められる場合には、第三者からも事実関係を聴取する等の措置を講ずること。
　　　②事実関係を迅速かつ正確に確認しようとしたが、確認が困難な場合などにおいて、法第18条に基づく調停の申請を行うことその他中立な第三者機関に紛争処理を委ねること。
　　ロ　イにより、職場におけるセクシュアルハラスメントが生じた事実が確認できた場合においては、速やかに被害を受けた労働者（以下「被害者」という。）に対する配慮のための措置を適正に行うこと。
　　（措置を適正に行っていると認められる例）
　　　①事案の内容や状況に応じ、被害者と行為者の間の関係改善に向けての援助、被害者と行為者を引き離すための配置転換、行為者の謝罪、被害者の労働条件上の不利益の回復、管理監督者又は事業場内産業保健スタッフ等による被害者のメンタルヘルス不調への相談対応等の措置を講ずること。
　　　②法第18条に基づく調停その他中立な第三者期間の紛争解決案に従った措置を被害者に対して講ずること。
　　ハ　イにより、職場におけるセクシュアルハラスメントが生じた事実が確認できた場合においては、行為者に対する措置を適正に行うこと。
　　（措置を適正に行っていると認められる例）
　　　①就業規則その他の職場における服務規律等を定めた文書における職場におけるセクシュアルハラスメントに関する規定等に基づき、行為者に対して必要な懲戒その他の措置を講ずること。あわせて、事案の内容や状況に応じ、被害者と行為者の間の関係改善に向けての援助、被害者と行為者を引き離すための配置転換、行為者の謝罪等の措置を講ずること。
　　　②法第18条に基づく調停その他中立な第三者機関の紛争解決案に従った措置を行為者に対して講ずること。
　　ニ　改めて職場におけるセクシュアルハラスメントに関する方針を周知・啓発する等の再発防止に向けた措置を講ずること。
　　　なお、セクシュアルハラスメントに係る性的な言動の行為者が、他の事業主が雇用する労働者又は他の事業主（その者が法人である場合にあっては、その役員）である場合には、必要に応じて、他の事業主に再発防止に向けた措置への協力を求めることも含まれる。
　　　また、職場におけるセクシュアルハラスメントが生じた事実が確認できなかった場合においても、同様の措置を講ずること。
　　（再発防止に向けた措置を講じていると認められる例）
　　　①職場におけるセクシュアルハラスメントを行ってはならない旨の方針及び職場におけるセクシュアルハラスメントに係る性的な言動を行った者について厳正に対処する旨の方針を、社内報、パンフレット、社内ホームページ等広報又は啓発のための資料等に改めて掲載し、配布等すること。
　　　②労働者に対して職場におけるセクシュアルハラスメントに関する意識を啓発するための研修、講習等を改めて実施すること。

(4)(1)から(3)までの措置と併せて講ずべき措置

(1)から(3)までの措置を講ずるに際しては、併せて次の措置を講じなければならない。

　イ　職場におけるセクシュアルハラスメントに係る相談者・行為者等の情報は当該相談者・行為者等のプライバシーに属するものであることから、相談への対応又は当該セクシュアルハラスメントに係る事後の対応に当たっては、相談者・行為者等のプライバシーを保護するために必要な措置を講ずるとともに、その旨を労働者に対して周知すること。

　（相談者・行為者等のプライバシーを保護するために必要な措置を講じていると認められる例）
　　①相談者・行為者等のプライバシーの保護のために必要な事項をあらかじめマニュアルに定め、相談窓口の担当者が相談を受けた際には、当該マニュアルに基づき対応するものとすること。
　　②相談者・行為者等のプライバシーの保護のために、相談窓口の担当者に必要な研修を行うこと。
　　③相談窓口においては相談者・行為者等のプライバシーを保護するために必要な措置を講じていることを、社内報、パンフレット、社内ホームページ等広報又は啓発のための資料等に掲載し、配布等すること。

　ロ　法第11条第2項、第17条第2項及び第18条第2項の規定を踏まえ、労働者が職場におけるセクシュアルハラスメントに関し相談をしたこと若しくは事実関係の確認等の事業主の雇用管理上講ずべき措置に協力したこと、都道府県労働局に対して相談、紛争解決の援助の求め若しくは調停の申請を行ったこと又は調停の出頭の求めに応じたこと（以下「セクシュアルハラスメントの相談等」という。）を理由として、解雇その他不利益な取扱いをされない旨を定め、労働者に周知・啓発すること。

　（不利益な取扱いをされない旨を定め、労働者にその周知・啓発することについて措置を講じていると認められる例）
　　①就業規則その他の職場における服務規律等を定めた文書において、セクシュアルハラスメントの相談等を理由として、当該労働者が解雇等の不利益な取扱いをされない旨を規定し、労働者に周知・啓発をすること。
　　②社内報、パンフレット、社内ホームページ等広報又は啓発のための資料等に、セクシュアルハラスメントの相談等を理由として、当該労働者が解雇等の不利益な取扱いをされない旨を記載し、労働者に配布等すること。

5　他の事業主の講ずる雇用管理上の措置の実施に関する協力

　法第11条第3項の規定により、事業主は、当該事業主が雇用する労働者又は当該事業主（その者が法人である場合にあっては、その役員）による他の事業主の雇用する労働者に対する職場におけるセクシュアルハラスメントに関し、他の事業主から、事実関係の確認等の雇用管理上の措置の実施に関し必要な協力を求められた場合には、これに応ずるように努めなければならない。

　また、同項の規定の趣旨に鑑みれば、事業主が、他の事業主から雇用管理上の措置への協力を求められたことを理由として、当該事業主に対し、当該事業主との契約を解除する等の不利益な取扱いを行うことは望ましくないものである。

6　事業主が職場における性的な言動に起因する問題に関し行うことが望ましい取組の内容

　事業主は、職場におけるセクシュアルハラスメントを防止するため、4の措置に加え、次の取組を行うことが望ましい。

　(1)職場におけるセクシュアルハラスメントは、パワーハラスメント（事業主が職場における優越的な関係を背景とした言動に起因する問題に関して雇用管理上講ずべき措置等についての指針（令和2年厚生労働省告示第5号）に規定する「職場におけるパワーハラスメント」をいう。以下同じ。）、妊娠、出産等に関するハラスメント（事業主が職場における妊娠、出産等に関する言動に起因する問題に関して雇用管理上講ずべき措置等についての指針（平成28年厚生労働省告示第312号）に規定する「職場における妊娠、出産等に関するハラスメント」をいう。）、育児休業等に関するハラスメント（子の養育又は家族の介護を行い、又は行うこととなる労働者の職業生活と家庭生活との両立が図られるようにするために事業主が講ずべき措置等に関する指針（平成21年厚生労働省告示第509号）に規定する「職場における育児休業等に関するハラスメント」をいう。）その他のハラスメントと複合的に生じることも想定されることから、事業主は、例えば、パワーハラスメント等の相談窓口と一体的に、職場におけるセクシュアルハラスメントの相談窓口を設置し、一元的に相談に応じることのできる体制を整備することが望ましい。

　（一元的に相談に応じることのできる体制の例）
　　①相談窓口で受け付けることのできる相談として、職場におけるセクシュアルハラスメントのみならず、パワーハラスメント等も明示すること。
　　②職場におけるセクシュアルハラスメントの相談窓口がパワーハラスメント等の相談窓口を兼ねること。

　(2)事業主は、4の措置を講じる際に、必要に応じて、労働者や労働組合等の参画を得つつ、アンケート調査や意見交換等を実施するなどにより、その運用状況の的確な把握や必要な見直しの検討等に努めることが重要である。なお、労働者や労働組合等の参画を得る方法として、例えば、労働安全衛生法（昭和47年法律第57号）第18条第1項に規定する衛生委員会の活用なども考えられる。

7　事業主が自らの雇用する労働者以外の者に対する言動に関し行うことが望ましい取組の内容

　3の事業主及び労働者の責務の趣旨に鑑みれば、事業主は、当該事業主が雇用する労働者が、他の労働者（他の事業主が雇用する労働者及び求職者を含む。）のみならず、個人事業主、インターンシップを行っている者等の労働者以外の者に対する言動についても必要な注意を払うよう配慮するとともに、事業主（その者が法人である場合にあっては、その役員）自らと労働者も、労働者以外の者に対する言動について必要な注意を払うよう努めることが望ましい。

　こうした責務の趣旨も踏まえ、事業主は、4(1)イの職場におけるセクシュアルハラスメントを行ってはならない旨の方針の明確化等を行う際に、当該事業主が雇用する労働者以外の者（他の事業主が雇用する労働者、就職活動中の学生等の求職者及び労働者以外の者）に対する言動についても、同様の方針を併せて示すことが望ましい。

　また、これらの者から職場におけるセクシュアルハラスメントに類すると考えられる相談があった場合には、その内容を踏まえて、4の措置も参考にしつつ、必要に応じて適切な対応を行うように努めることが望ましい。